Kauderwelsch
Band 54

Vilnius

Impressum

Katrin Jähnert
Litauisch – Wort für Wort
erschienen im
Reise Know-How Verlag Peter Rump GmbH
Osnabrücker Str. 79, D-33649 Bielefeld
info@reise-know-how.de

11. Auflage 2019

Bearbeitung Klaus Werner
Layout Claudia Schmidt
Layout-Konzept Günter Pawlak, FaktorZwo! Bielefeld
Umschlag Peter Rump (Titelbild: Günther Schäfer)
Kartographie Iain Macneish
Fotos Baltische Tourismuszentrale, Münster, S. 135: Matthias Krüttgen @Fotolia.de
Gesamtherstellung Himmer GmbH Druck & Verlag, Augsburg

ISBN 978-3-8317-6423-5

Wer im Buchhandel kein Glück hat, bekommt unsere Bücher auch direkt über unseren Internet-Shop:
www.reise-know-how.de

Die Internetseiten mit Aussprachebeispielen und der Zugriff auf diese über QR-Codes sind eine freiwillige, kostenlose Zusatzleistung des Verlages. Der Verlag behält sich vor, die Bereitstellung des Angebotes und die Möglichkeit der Nutzung zeitlich und inhaltlich zu beschränken. Der Verlag übernimmt keine Garantie für das Funktionieren der Seiten und keine Haftung für Schäden, die aus dem Gebrauch der Seiten resultieren. Es besteht ferner kein Anspruch auf eine unbefristete Bereitstellung der Seiten.
Der Verlag möchte die **Reihe Kauderwelsch** weiter ausbauen und **sucht Autoren!** Mehr Informationen finden Sie unter
www.reise-know-how.de/verlag/mitarbeit

Kauderwelsch

Katrin Jähnert

Litauisch

Wort für Wort

Kauderwelsch heißt:

- Schnell mit dem **Sprechen** beginnen, auch wenn nicht immer alles korrekt ist.
- Von der **Grammatik** wird nur das Wichtigste in einfachen Worten erklärt.
- Alle Beispielsätze werden doppelt ins Deutsche übertragen: erst **Wort-für-Wort,** dann in normales Deutsch. Die Wort-für-Wort-Übersetzung hilft, die neue Sprache schneller zu durchschauen, außerdem lassen sich dadurch leichter einzelne Wörter im fremdsprachigen Satz austauschen.
- Es geht um die **Alltagssprache,** also das, was man tatsächlich auf der Straße hört.
- Die **Autoren** sind entweder Reisende, die die Sprache im Land selbst gelernt haben oder Muttersprachler.

Kauderwelsch-Sprachführer sind keine Lehrbücher, aber viel mehr als traditionelle Reisesprachführer. Wer ein wenig Zeit investiert, einige Vokabeln lernt und die Sprache im Land anwendet, wird **Türen öffnen,** ein Lächeln ins Gesicht zaubern und reichere Erfahrungen machen.

Talk to each other!

Kauderwelsch zum Anhören

Einzelne Sätze und Ausdrücke aus diesem Buch können Sie sich **kostenlos anhören.** Diese **Aussprachebeispiele** erreichen Sie über die im Buch abgedruckten QR-Codes oder diese Adresse: www.reise-know-how.de/kauderwelsch/054

Die Aussprachebeispiele im Buch sind Auszüge aus dem umfassenden Tonmaterial, das unter dem Titel **„Kauderwelsch Aussprachetrainer Litauisch"** als Download über Onlinehörbuchshops (ISBN 978-3-95852-077-6) separat erhältlich ist. Sie erhalten es auch über unsere Internetseite:

- **www.reise-know-how.de**

Alle Sätze, die Sie auf dem Aussprachetrainer hören können, sind in diesem Buch mit einem gekennzeichnet.

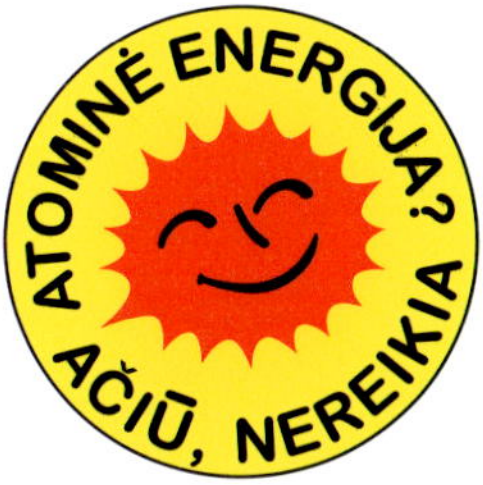

Inhalt

Konversation

Anhang

Berg der Kreuze bei Šiauliai

Vorwort

Wer in die Seele eines Volkes eindringen will, muss dessen Sprache verstehen. Jahrzehntelang wurde das Litauische neben vielen anderen Sprachen in der Sowjetunion wie ein Stiefkind des Russischen behandelt. Das mit ca. 3 Mio. Menschen relativ kleine Volk der Litauer bewahrte jedoch auch im Bestand der Sowjetunion seine kulturelle Identität. Nach der Unabhängigkeit des Landes 1991 erhielt das Litauische den ihm gebührenden Stellenwert als alleinige Amtssprache zurück, und seit 2004 gehört es auch zu den offiziellen Sprachen der Europäischen Union.

Ich freue mich, dass Sie sich in die Zahl der wenigen einreihen möchten, die die Sprache dieses kleinen Ostseevolkes lernen wollen. Litauisch gehört zwar nicht gerade zu den leichten Sprachen, aber mit ein wenig Mühe kann man sich solche Grundkenntnisse aneignen, die eine Reise nach Litauen und Begegnungen mit den litauischen Menschen erst richtig zum Erlebnis werden lassen. Jeder Litauer ist dankbar und von Herzen gerührt, wenn er einen Ausländer Litauisch sprechen hört.

Ich wünsche Ihnen viel Erfolg beim Erlernen der litauischen Sprache und viele herzliche Begegnungen mit den gastfreundlichen Bewohnern Litauens.

Hinweise zur Benutzung

Die Wörterlisten im Anhang enthalten je ca. 1000 Stichwörter und sind alphabetisch geordnet.

Das Buch ist als eine Art „Schnuppersprachkurs" zu verstehen. Es soll helfen, Alltagssituationen bei einem Besuch in Litauen sprachlich zu bewältigen, und es soll Mut machen zum Weiterlernen (s. Literaturhinweise im Anhang). Ich habe mich bemüht, die wichtigsten sprachlichen Erscheinungen auf möglichst einfache Weise darzustellen, so dass sie auch vollkommenen Neulingen verständlich werden. Für eine einfache Verständigung ist dies meist ausreichend.

Die ersten Seiten enthalten wichtige Hinweise zur **Aussprache und Betonung,** ein Kapitel, das keineswegs übersprungen werden sollte. Übrigens: Wer versucht, beim Lesen die litauischen Wörter mitzusprechen, lernt doppelt so schnell. Es folgt eine **Minigrammatik,** die nur die wichtigsten grammatischen Zusammenhänge erklärt, die notwendig sind, um sich verständigen zu können.

Im **Konversationsteil** findet man Satzbeispiele und Vokabellisten zu vielen touristischen Standardsituationen. Wer damit nicht auskommt, kann sich gezielt der Grammatik bedienen und selbständig neue Sätze bilden.

Die Beispielsätze bestehen in der Regel aus drei Zeilen, dem litauischen Satz, einer **Wort-für-Wort-Übersetzung** und einer Übersetzung ins Deutsche. Aus der Wort-für-Wort-Übersetzung erfährt man die „eigentliche" Bedeutung einzelner Wörter oder sogar Wortbestandteile und kann sich den Aufbau des Satzes leicht verdeutlichen. Mit Hilfe der Wort-für-Wort-Übersetzung können Sie bald eigene Sätze bilden. Sie können die Beispielsätze als Fundus von Satzschablonen und -mustern benutzen, die Sie selbst Ihren Bedürfnissen anpassen.

Ein Wort in der Wort-für-Wort-Übersetzung entspricht einem Wort im Originalsatz. Sind mehrere Wörter für die Übersetzung notwendig, sind diese durch einen Bindestrich verbunden.

Lässt sich ein litauisches Wort nicht mit einem Wort eindeutig ins Deutsche übersetzen, steht in der Wort-für-Wort-Übersetzung eine Abkürzung, die erklärt, worum es sich bei dem litauischen Wort oder Teil eines Wortes handelt.

Kuȓ yrà tualètas?
wo (sie-)ist Toilette
Wo ist eine Toilette?

Àš apsidžiaũgiu.
ich (ich-)VS-sich-freue
Ich freue mich.

m	männlich
w	weiblich
Ez	Einzahl
Mz	Mehrzahl
1 / 2 / ... / 7	1. / 2. / ... / 7. Fall
VS	Vorsilbe
FW	Fragewort

Die **Umschlagklappe** hält die wichtigsten Sätze und Formulierungen stets parat. Aufgeklappt ist der Umschlag eine wesentliche Erleichterung, da die gewünschte Satzkonstruktion mit dem Vokabular aus den einzelnen Kapiteln kombiniert werden kann.

Zur Sprache

Das Litauische gehört wie Deutsch, Englisch oder Französisch zur großen indoeuropäischen Sprachfamilie. Aber innerhalb dieser Familie fühlen sich die Litauer eigentlich nur mit den Letten wirklich verwandt. Erst 1845 fand der deutsche Sprachforscher Nesselmann heraus, dass sich Litauisch, Lettisch und die inzwischen ausgestorbenen Sprachen der Kuren und Preußen (Pruzzen) zu einer Gruppe der baltischen Sprachen ausgliedern lassen. Unter den modernen indoeuropäischen Sprachen hat das Litauische, so die Erkenntnis der Sprachwissenschaftler, die meisten Übereinstimmungen im Wortschatz und den grammatischen Formen mit der gemeinsamen Ursprache bewahrt.

Das Wort Lietuvà *(Litauen) geht übrigens nach dem Sprachwissenschaftler Ernst Fraenkel wohl auf eine gemeinsame Wurzel mit dem lateinischen „litus" (Gestade, Strand) zurück und könnte so viel wie „Land am Wasser" bedeuten.*

Estnisch ist keine indoeuropäische, und in diesem Sinne auch keine baltische Sprache, sondern eine finno-ugrische.

Das litauische Alphabet

Das litauische Alphabet hat lateinische Buchstaben. Allerdings gibt es eine Reihe von Sonderzeichen über und unter den Buchstaben, die darauf hindeuten, dass wir es auch mit einer besonderen Aussprache zu tun haben.

a ą b c ch č d e ę ė f g h i į y j
k l m n o p r s š t u ų ū v z ž

Insgesamt verfügt das Litauische über 12 Selbst- und 21 Mitlaute.

Bei der Reihenfolge der Selbstlaute ist zu beachten, dass die verschiedenen Schreibweisen (z. B. e, ę und ė oder i, į und y) jeweils zusammengehören. Das spielt vor allem dann eine Rolle, wenn man ein Wort im Wörterbuch sucht. So kann es vorkommen, dass unter der Rubrik I / Į / Y die Wörter inžiniẽrius *(Ingenieur)*, ýpač *(besonders)* und įpakúoti *(einpacken)* hintereinanderstehen.

Aussprache

Unabhängig davon, ob ein Selbstlaut betont wird oder nicht, gelten folgende Ausspracheregeln.

Selbstlaute (Vokale)

▶Immer lang werden ą, ę, ė, į, y, o (außer in Fremdwörtern), ų und ū gesprochen.
▶Die Buchstaben mit dem „Häkchen", d. h. ą, ę, į und ų, heißen Nasalbuchstaben. Der Name ist aber ein wenig irritierend, denn die entsprechenden Laute werden schon seit langem nicht mehr mit Beteiligung der Nase gesprochen, sondern nur noch lang. Sie sind aber sprachgeschichtlich aus den Verbindungen an, en, in bzw. un hervorgegangen.
▶Immer kurz sind i und u.
▶Steht ein i nach einem Mitlaut und vor a, o oder u, dann kein „i" sprechen, sondern nur ein „j" andeuten. Das i hat hier die Funktion, den Mitlaut zu „erweichen", was es im Deutschen nicht gibt, z. B. čià *(hier)* sprich etwa „tschja", keliõnė *(Reise)* sprich etwa „keljone".
▶a und e können entweder lang oder kurz sein, was von der Betonung abhängt.

a	kurzes „a" wie in „K**a**sten", z. B. **àš** *(ich)*, langes „a" wie in „T**a**g", z. B. **mán** *(mir)*
ą	langes „a" wie in „L**a**den", z. B. **vãsarą** *(im Sommer)*

e	kurzes und offenes „e“ ähnlich „ä“ in „k**ä**mmen“, z. B. **profèsija** *(Beruf)*, langes, offenes „e“ ähnlich „ä“ in „g**ä**hnen“, z. B. **gẽras** *(gut)*
ę	langes, offenes „e“ =„ä“ wie in „g**ä**hnen“, z. B. **šv̨ę̃sti** *(feiern)*
ė	langes und geschlossenes „e wie in „**E**mil“, z. B. **dė̃dė** *(Onkel)*
i	kurzes „i“ wie in „T**i**ck“, z. B. **tìk** *(nur)*
į	langes „i“ wie in „T**i**ger“, z. B. **įdomù** *(interessant)*
y	wie į, z. B. **ýpač** *(besonders)*. Dieser Buchstabe heißt übrigens nicht „Ypsilon“, sondern „langes i“.
o	in litauischen Wörtern langes offenes „o“ wie in „M**o**rgen“, z. B. **óras** *(Wetter, Luft)*, in Fremdwörtern kurzes „o“ wie in „M**o**st“, z. B. **restorãnas** *(Restaurant)*
u	kurzes „u“ wie in „K**u**nst“: **ùpė** *(Fluss)*
ų	langes „u“ wie in „M**u**t“: **mū̃sų** *(unser/e)*
ū	wie ų, z. B. **jū̃sų** *(euer/eure* bzw. *Ihr/e)*

Sogar die Litauer untereinander sind sich nicht immer einig, wenn es um die richtige Aussprache und Betonung geht. Einem Litauisch lernenden Ausländer wird man es deshalb nicht übel nehmen, wenn er sich einmal irrt.

Mitlaute (Konsonanten)

Die meisten Mitlaute werden wie im Deutschen ausgesprochen, nur bei folgenden Mitlauten sind Unterschiede zu beachten:

ch	wie in „ko**ch**en“, z. B. **charãkteris** *(Charakter)*
c	wie „z“ in „Kon**z**ert“, z. B. **koncèrtas** *(Konzert)*
č	wie „tsch“ in „deu**tsch**“, z. B. **čià** *(hier)*

r	gerolltes bairisches „r“: Zunge an den Gaumen legen und vibrieren lassen. Gelingt das nicht, wird man aber trotzdem verstanden.
š	wie stimmloses „sch“ in „Ta**sch**e“, z. B. **šokolãdas** *(Schokolade)*
v	wie „w“ in „**W**ald“: **vókiškai** *(auf deutsch)*
z	stimmhaftes „s“ wie in „**s**ummen“, z. B. **mùzika** *(Musik)*
ž	stimmhaftes Gegenstück zum „sch“, wie das „g“ in „**G**elee“ oder „Gara**g**e“, z. B. **pliãžas** *(Strand)*

Doppelselbstlaute (Diphthonge)

Die Doppellaute aus zwei Selbstlauten (Doppelvokale) ai, au, ei, ie, ui und uo werden teilweise anders als im Deutschen gesprochen:

ai	wie in „M**ai**“, z. B. **laĩkas** *(Zeit)* Achtung: Tritt i vor ai auf, sprich „ej“, z. B. **bróliai** *(Brüder)*
au	wie in „M**au**s“, z. B. **sáulė** *(Sonne)*
ei	„ej“ wie in engl. „S**a**fe“, z. B. **méilė** *(Liebe)*
ie	„ije“ wie in „Geran**ie**“, z. B. **žiemà** *(Winter)*
ui	„uj“ wie in „pf**ui**“, z. B. **puikù** *(wunderbar)*
uo	„u“ + offenes „o“ (wie in „W**o**lle“), z. B. **vanduõ** *(Wasser)*

Betonung

Für die Betonung gibt es im Litauischen keine einfache einprägsame Regel, weil sie nicht fest auf einer Silbe liegt. Doch man lasse sich dadurch nicht entmutigen, denn die drei verschiedenen Betonungszeichen auf den betreffenden Selbstlauten geben Aufschluss darüber, ob die betonte Silbe kurz, lang oder sehr lang (gedehnt) gesprochen wird. Auch in einsilbigen Wörtern werden die Zeichen gesetzt.

`	kurz: **àš** *(ich)*, **mamà** *(Mutti)*
´	lang mit fallendem Ton: **sakýti** *(sagen)*
˜	(sehr) lang und gedehnt mit eher steigendem Ton: **ṽynas** *(Wein)*

Achtung: ˜ kann auch über einem Mitlaut stehen. Dieser wird dann eben auch länger gesprochen, und der Ton der ganzen Silbe (mit dem vorangehenden Vokal) steigt zu diesem End-Mitlaut hin an: teñ *(dort)*, kur̃ *(wo)*.

Innerhalb von Doppelvokalen kann die Betonung sowohl auf dem ersten oder zweiten Vokal liegen. Trotzdem bilden beide eine Silbeneinheit. Ausländern fällt es meist sehr schwer, diese Betonungsunterschiede auszudrücken. Dies kann in der Praxis allerdings nur bei einigen Wörtern zu Problemen führen, wo die richtige Betonung über die Bedeutung des Wortes entscheidet, z. B.:

áukštas	hoch	**aũkštas**	Etage
trùkti	dauern	**trũkti**	fehlen

Wörter, die weiterhelfen

In vielen Situationen kann man sich schon mit den folgenden Redewendungen behelfen. Man setzt dazu einfach das gewünschte Wort aus dem Wörterverzeichnis anstelle der Pünktchen ein.

Um grammatikalisch korrekt zu sprechen, muss man in den ersten beiden Redewendungen das neue Wort im 2. Fall gebrauchen. Für den Anfang geht es aber auch schon mal zur Not ohne Beugung.

Ar̃ tùrite ... ? — Haben Sie ... ?
FW (ihr-)habt ...

laisvų̃ kambarių̃ *(2. Fall)*	freie Zimmer
atvirùkų *(2. Fall)*	Postkarten
pãšto žénklų *(2. Fall)*	Briefmarken

Prãšom ... ! — Ich möchte gern ...
bitte ...

kavõs *(2. Fall)*	Kaffee
ledų̃ *(2. Fall)*	Eis

Prãšom pasakýti ... ! — Bitte sagen Sie ... !
bitte VS-sagen ...

Kur̃ yrà ... ? — Wo ist ... ?

autoservìsas	eine Autowerkstatt
pãštas	die Post
tualètas	eine Toilette

Prãšom! — **Ãčiū!**
Bitte! — Danke!

Hauptwörter

Im Litauischen werden die Hauptwörter nicht großgeschrieben, sondern nur Satzanfänge, Eigennamen und die höfliche Anrede *(Sie, Ihre)*.

Geschlecht

Das litauische Hauptwort kann nur männlich oder weiblich sein; ein sächliches Geschlecht gibt es nicht. Bei Personen- und Tierbezeichnungen stimmt das natürliche Geschlecht mit dem grammatischen überein. Das Wort für „Schwester" (sesuõ) ist also wie die Schwester selbst weiblichen Geschlechts.

Artikel wie im Deutschen *(der, die, das)*, an denen man das Geschlecht erkennen könnte, gibt es im Litauischen nicht. Aber dafür ist das Geschlecht eines Hauptworts generell an seiner Endung ablesbar. Nur die Endungen -is und -uo können bei männlichen wie weiblichen Wörtern vorkommen. Je nach ihrem Geschlecht werden Wörter mit diesen Endungen jedoch unterschiedlich gebeugt.

„Typisch" weibliche Endungen sind:

-a	**mótina** *(Mutter)*	**knygà** *(Buch)*
-ia	**ponià** *(Dame, Frau)*	**bažnýčia** *(Kirche)*
-ė	**mergáitė** *(Mädchen)*	**gãtvė** *(Straße)*
-is	**móteris** *(Frau)*	**širdìs** *(Herz)*
-uo	**sesuõ** *(Schwester)*	

„Typisch" männliche Endungen sind:

-as	**výras** *(Mann)*	**vỹnas** *(Wein)*
-ias	**svẽčias** *(Gast)*	**kẽlias** *(Weg)*
-is	**brólis** *(Bruder)*	**automobìlis** *(Auto)*
-ys	**arklỹs** *(Pferd)*	**kambarỹs** *(Zimmer)*
-us	**sūnùs** *(Sohn)*	**tur̃gus** *(Markt)*
-ius	**daĩnius** *(Sänger)*	**skỹrius** *(Abteilung)*
-uo	**šuõ** *(Hund)*	**mė́nuo** *(Monat)*

Als **Faustregel** kann also gelten, dass fast alle Hauptwörter (auch Eigenschaftswörter und Fürwörter), die in ihrer Grundform auf -s enden, männlich sind.

Achtung: Der dė̃dė *(Onkel)* bewahrt trotz der Endung -ė seine Männlichkeit.

Bei **Fremdwörtern** kommen auch die Endungen -i, -o und -u vor. Diese Wörter sind immer männlich, sofern sie keine weiblichen Personen bezeichnen:

meniù *(m)*	Speisekarte
taksì *(m)*	Taxi
lèdi *(w)*	Lady

Mehrzahl

Die meisten Hauptwörter gibt es in der Ein- und Mehrzahl, d. h. zu jeder Einzahlendung existiert auch eine entsprechende Mehrzahlendung.

Einzahl		Mehrzahl		
knygà	-(i)a	**knỹgos**	-(i)os	Buch
gãtvė	-ė	**gãtvės**	-ės	Straße
šalìs	-is *(w)*	**šãlys**	-ys	Land
kẽlias	-(i)as	**keliaĩ**	-(i)ai	Weg
brólis	-is *(m)*	**bróliai**	-iai	Bruder
kambarỹs	-ys	**kambariaĩ**	-iai	Zimmer
skỹrius	-ius	**skỹriai**	-iai	Abteilung
sūnùs	-us	**sū́nūs**	-ūs	Sohn
sesuõ	-uo	**sẽserys**	-ys	Schwester

Ausnahmen bestätigen die Regel:

žmogùs	**žmónės**	Mensch
mė́nuo	**mė́nesiai**	Monat

Einige Hauptwörter besitzen nur eine Einzahl. Diese sind auch im Deutschen häufig Einzahlwörter:

cùkrus	Zucker
píenas	Milch

Auch die Fremdwörter auf -i, -o und -u bilden keine Mehrzahl:

víenas taksì	ein Taxi
daũg taksì	viele Taxen

Andere Hauptwörter kommen nur in der Mehrzahl vor, wobei es hier kaum Ähnlichkeiten zum Deutschen gibt. Hierzu zählen z. B. die folgenden Wörter:

Wenn man mit einem solchen Mehrzahlwort ein einzelnes Objekt bezeichnen will, benutzt man spezielle Zahlwörter:

pinigaĩ	Geld
drabùžai	Kleidung
akiniaĩ	Brille (*bzw.* Brillen)
atóstogos	Urlaub

mẽtai	**vieneri mẽtai**
Jahr(e)	ein Jahr

Dieses & Jenes

Um „dieses" oder „jenes" auszudrücken, gibt es im Litauischen drei verschiedene Fürwörter:

šìtas	**tàs**	**anàs**
dieser hier	dieser / der da	jener

Die Verwendung dieser hinweisenden Fürwörter (Demonstrativpronomen) ist relativ, aber man kann davon ausgehen, dass šìtas *(dieser hier)* immer ein sehr nahes, und anàs *(jener)* ein weiter entferntes Objekt bezeichnet. Am gebräuchlichsten ist aber tàs *(dieser)*. Häufig wird es im Deutschen mit dem bestimmten Artikel *(der)* wiedergegeben.

Je nachdem, ob das folgende Hauptwort männlich oder weiblich ist bzw. in der Einzahl oder Mehrzahl steht, erhalten auch die hinweisenden Fürwörter unterschiedliche Endungen.

	Einzahl	Mehrzahl
šìtas *(m)*	**šìtas výras** *dieser / der Mann (hier)*	**šitiẽ výrai** *diese / die Männer (hier)*
(w)	**šità móteris** *diese / die Frau (hier)*	**šitõs móterys** *diese / die Frauen (hier)*
tàs *(m)*	**tàs výras** *dieser / der Mann*	**tiẽ výrai** *diese / die Männer*
(w)	**tà móteris** *diese / die Frau*	**tõs móterys** *diese / die Frauen*
anàs *(m)*	**anàs výras** *jener Mann*	**aniẽ výrai** *jene Männer*
(w)	**anà móteris** *jene Frau*	**anõs móterys** *jene Frauen*

Es gibt bei den hinweisenden Fürwörtern auch unpersönliche Formen. Diese sind nicht mit einem sächlichen Geschlecht zu verwechseln, da es keine sächlichen Hauptwörter gibt.

taĩ	dies / das (da)
šitaĩ	dies hier

Sätze, die im Deutschen mit „Das ist ..." oder „Das sind ..." beginnen, werden im Litauischen mit Taĩ ... *(das, dieses ...)* eingeleitet. Die Verbformen „ist" oder „sind" (yrà) brauchen in dem Fall gar nicht übersetzt zu werden, z. B.:

Taĩ výras.
das Mann
Das ist ein Mann.

Taĩ brangù.
das teuer
Das ist teuer.

Eigenschaftswörter

Meist steht das Eigenschaftswort vor dem Hauptwort. Mit dem entsprechenden Tonfall gesprochen, kann so auch schon der erste Minisatz entstehen:

gẽras óras	**Gẽras óras.**
gutes Wetter	Gut ist das Wetter.

Setzt man das Hauptwort an den Anfang und das Eigenschaftswort an die zweite Stelle, kann der Tonfall neutral bleiben. Es entsteht ein ganz „normaler" Aussagesatz, z. B.:

Óras gẽras.
Das Wetter ist gut.

Sätze, die als Satzgegenstand (Subjekt) ein Hauptwort und als Satzaussage (Prädikat) ein Eigenschaftswort haben, kommen also gut ohne das Hilfsverb „sein" aus, es sei denn, die Aussage betrifft Vergangenes oder Zukünftiges. Für diese Fälle sollte man sich bùvo *(war)* für die Vergangenheit und bùs *(wird sein)* für die Zukunft einprägen. Diese Formen gelten für Ein- und Mehrzahl.

Fìlmas bùvo gẽras.	**Fìlmai bùs gerì.**
Film (er-)war gut	*Filme (sie-)werden-sein gut*
Der Film war gut.	Die Filme werden gut sein.

Geschlecht & Zahl

Die Eigenschaftswörter stehen wie im Deutschen vor dem Hauptwort und erhalten in Abhängigkeit vom folgenden Hauptwort die entsprechende Endung für männlich / weiblich bzw. Einzahl / Mehrzahl, z. B.:

naũjas kẽlias *(m Ez)*	neuer Weg
naujì keliaĩ *(m Mz)*	neue Wege
naujà bažnýčia *(w Ez)*	neue Kirche
naũjos bažnýčios *(w Mz)*	neue Kirchen

In Wörterbüchern und auch in der Wörterliste im Anhang dieses Buches stehen die Eigenschaftswörter nur in ihrer männlichen Form. Anhand der Endung dieser männlichen Form unterscheidet man drei Gruppen von Eigenschaftswörtern.

Die Zugehörigkeit zu einer dieser Gruppen erkennt man an der jeweiligen Endung der männlichen Form in der Einzahl, also -(i)as, -ùs oder -is. Da die dritte Gruppe nur solche Eigenschaftswörter umfasst, die von einem Hauptwort abgeleitet sind, wie z. B. auksìnis *(golden)* von áuksas *(Gold)*, kann man sie erst einmal ignorieren.

Weiß man nun, zu welcher Gruppe das Wort gehört, kann man auch die weibliche bzw. Mehrzahlform bilden, indem man die männliche Endung durch die jeweils erforderliche ersetzt.

	I		**II**		**III**	
	Ez	**Mz**	**Ez**	**Mz**	**Ez**	**Mz**
m	**-(i)as**	**-ì**	**-ùs**	**-ūs**	**-is**	**-iai**
w	**-(i)à**	**-(i)os**	**-ì**	**-ios**	**-ė**	**-ės**

gẽras draũgas (I., *m Ez*) guter Freund	**brangùs vỹnas** (II., *m Ez*) teurer Wein

Eine Ausnahme bei der Mehrzahlbildung bildet dìdelis *(groß)*:

dìdelis párkas *(m Ez)* großer Park	**dìdeli párkai** *(m Mz)* große Parks
dìdelė parodà *(w Ez)* große Ausstellung	**dìdelės pãrodos** *(w Mz)* große Ausstellungen

unpersönliche Form

Von den ersten beiden Gruppen wird auch eine unpersönliche Form gebildet, indem das -s der männlichen Endung einfach weggestrichen wird. Aus -as wird -a, und aus -us wird -u. Diese Form tritt in kurzen, unpersönlichen Sätzen ohne Satzgegenstand auf:

Skanù. *schmackhaft* Es schmeckt gut.	**Šil̃ta.** *warm* Es ist warm.

Steigerung

Ist etwas gut, kann etwas anderes bekanntlich trotzdem noch besser und manchmal sogar das Beste sein. Ist etwas golden, dann wird es allerdings niemals goldener. Mit anderen Worten: Nur die ersten beiden Gruppen von

Eigenschaftswörtern können gesteigert werden, das aber zum Glück einheitlich.

Die erste Steigerungsstufe wird immer mit -èsn-, die zweite immer mit -(i)áus- gebildet. Diese Erweiterungen fügt man zwischen dem Wortstamm und den männlichen bzw. weiblichen Ein- oder Mehrzahlendungen ein.

	Grundform	1.Stufe	2.Stufe
m Ez	-(i)as / -ùs	-èsnis	-iáusias
w Ez	-(i)a / -ì	-èsnė	-iáusia
m Mz	-ì / -ūs	-esnì	-iáusi
w Mz	-(i)os / -ios	-èsnės	-iáusios

gẽras — **gerèsnis** — **geriáusias fìlmas**
guter — besserer — bester Film

gražì — **gražèsnė** — **gražiáusia móteris**
hübsche — hübschere — hübscheste Frau

dìdelis — **didèsnis** — **didžiáusias párkas**
großer — größerer — größter Park

Manchmal kommt es bei der Steigerung zu einem Lautwechsel.

Bei den unpersönlichen Formen endet die erste Stufe einheitlich auf -iaũ, die zweite auf -iáusiai.

Grundform	1. Stufe	2. Stufe
gẽra	**geriaũ**	**geriáusiai**
gut	besser	am besten
gražù	**gražiaũ**	**gražiáusiai**
schön	schöner	am schönsten

Vergleich

Will man etwas miteinander vergleichen, benutzt man negù *(als)*.

Knygà gerèsnė negù fìlmas.
Buch besser als Film
Das Buch ist besser als der Film.

Výras vyrèsnis negù žmonà.
Mann älter als Ehefrau
Der Mann ist älter als seine Frau.

wichtige Eigenschaftswörter

gẽras	gut	**blõgas**	schlecht
dìdelis	groß	**mãžas**	klein
áukštas	hoch	**žẽmas**	niedrig
šil̃tas	warm	**šáltas**	kalt
šviesùs	hell	**tamsùs**	dunkel
ar̃timas	nah	**tólimas**	fern
saldùs	süß	**rūgštùs**	sauer
stiprùs	stark	**sìlpnas**	schwach
sunkùs	schwer	**leñgvas**	leicht
švarùs	sauber	**pur̃vinas**	schmutzig
sẽnas	alt	**jáunas**	jung
		naũjas	neu
ìlgas	lang	**trum̃pas**	kurz
pìlnas	voll	**tùščias**	leer
pigùs	billig	**brangùs**	teuer
greĩtas	schnell	**lė̃tas**	langsam
įdomùs	interessant	**nuobodùs**	langweilig
pàprastas	einfach	**sudėtìngas**	schwierig

Eine Eigenschaft (z. B. „klein“) kann man auch durch die Verneinung ihres Gegenteils ausdrücken („klein“ = „nicht groß“). Dazu wird vor das betreffende Wort nur **ne-** *(nicht, un-)* gesetzt.

dìdelis párkas	**nedìdelis párkas**
	nicht-großer Park
großer Park	kleiner Park

Farben

báltas	weiß	**žãlias**	grün
júodas	schwarz	**mė̃lynas**	blau
pìlkas	grau	**žýdras**	hellblau
geltónas	gelb	**rùdas**	braun
raudónas	rot	**violètinis**	violett
raũsvas	rötlich	**auksìnis**	golden
rõžinis	rosa	**sidabrìnis**	silbern
oránžinis	orange	**márgas**	bunt

Kirchtürme in Vilnius

Persönliche Fürwörter

Bei den persönlichen Fürwörtern (Personalpronomen), „ich“, „du“ usw., gibt es die Besonderheit, dass es für „sie“ in der Mehrzahl zwei Formen gibt. Beide bedeuten „sie“, aber jõs steht ausschließlich für weibliche Hauptwörter, jiẽ für männliche bzw. eine Gruppe männlicher und weiblicher Hauptwörter.

	Einzahl		Mehrzahl	
1. Person	**àš**	ich	**mẽs**	wir
2. Person	**tù**	du	**jū̃s**	ihr / Sie
3. Person	**jìs**	er	**jiẽ**	sie *(m, m/w)*
	jì	sie	**jõs**	sie *(w)*

Da die Litauer höflich und zuvorkommend sind, benutzen sie außer Jū̃s *(ihr = Sie)* noch eine spezielle Höflichkeitsform „Sie“, nämlich támsta für eine Person und támstos für mehrere Personen. Nach támsta kann das Verb in der 2. Person Einzahl oder Mehrzahl stehen, nach támstos nur in der 2. Person Mehrzahl.

In einfachen Sätzen kann das persönliche Fürwort auch entfallen, da die handelnde Person meistens schon an der Endung des Verbs erkennbar ist.

Támsta žinaĩ / žìnote ...
Sie (du-)weißt / (ihr-)wisst
Sie wissen ...
(eine Person wird angeredet)

Támstos žìnote ...
Sie(Mz) (ihr-)wisst
Sie wissen ...
(mehrere Personen)

Žinaũ.
(ich-)weiß
Ich weiß.

Besitzanzeigende Fürwörter

Die besitzanzeigenden Fürwörter (Possessivpronomen), also „mein“, „dein“ ... antworten auf die Frage kienõ? *(wessen?)*. Sie sind unveränderlich und können vor Hauptwörtern beiderlei Geschlechts gebraucht werden.

Es handelt sich hierbei eigentlich um den 2. Fall der persönlichen Fürwörter.

màno	mein/e	**mū̃sų**	unser/e
tàvo	dein/e	**jū̃sų**	euer / eure *bzw.* Ihre
jõ	sein/e	**jų̃**	ihr/e
jõs	ihr/e		

màno sesuõ meine Schwester, **màno brólis** mein Bruder, **màno tėvaĩ** meine Eltern

Besitzanzeigende Fürwörter gibt es auch für die Höflichkeitsform. Dabei bezeichnet támstos eine Person und támstų mehrere Personen: támstos keliõnė „Ihre Reise“ *(Reise einer Person)*, támstų keliõnė „Ihre Reise“ *(mehrere Personen)*.

Wenn man diese Wörter beherrscht, wird man als Ausländer verstanden. Die Litauer selbst benutzen aber auch das Wort sàvo. Dieses besitzanzeigende Fürwort bezieht sich immer auf den Satzgegenstand bzw. Handlungsträger im Satz und ersetzt dann màno, tàvo usw.

Man kann dieses Wort am ehesten mit „eigener“ übersetzen.

Àš einù pàs sàvo draũgą.
Ich gehe zu meinem Freund.

Tù einì pàs sàvo draũgą.
Du gehst zu deinem Freund.

Tätigkeitswörter

Das litauische Tätigkeitswort (Verb) hält für den Neuling einige Schwierigkeiten bereit, nicht zuletzt wegen der häufig auftretenden Lautveränderungen. Dennoch gibt es – wie überall – Regeln, auf die man sich stützen kann. Wer sich das Einprägen der Beugungsregeln stark erleichtern will, kann auf eine Hilfskonstruktion mit den sogenannten Modalverben (*wollen, können* usw.) zurückgreifen, die unter „Modalverben" erläutert wird.

In der Grundform (Infinitiv) haben die Verben die Endung -ti bzw. -tis. So stehen sie auch im Wörterbuch, z. B.:

eĩti	gehen	**džiaũgtis**	sich freuen

Vorsilben

Wie im Deutschen werden die Grundformen oft mit Vorsilben kombiniert, so dass neue Verben entstehen. Leider lässt sich von der Bedeutung der Vorsilbe nicht automatisch auf die neue Bedeutung des Verbs schließen. Es ist jedoch viel wert, wenn man zumindest rein optisch Vorsilbe und Grundverb voneinander trennen kann, denn manchmal ist nur das Grundverb im Wörterbuch verzeichnet. Kann man dieses beugen, wird man auch mit den neuen Verben zurechtkommen. Hier eine kleine Auswahl von Vorsilben:

ap-	um-, herum-
at-	zurück-, wieder-
į-	hinein-, ein-
iš-	heraus-, aus-
nu-	los-, hinab-, weg-
pa-	*bedeutet häufig* „eine Zeitlang" *bzw. auch den Abschluss eines Prozesses*
par-	heim-
per-	über-, hinüber-, trans-
pra-	vorbei-, vorüber-, durch-
pri-	hinzu-, heran-
su-	zusammen-, zer-
už-	hinauf-, auf etw.
ne-	nicht *(Verneinung)*
tebe-	immer noch
nebe-	nicht mehr

Neben den aufgeführten Bedeutungen können die Vorsilben aber oft noch andere ausdrücken. Wenn es sehr viele verschiedene Bedeutungsvarianten der Vorsilbe gibt, erfolgt in der Wort-für-Wort-Übersetzung nur der Hinweis „VS" *(Vorsilbe)*. Die eigentliche Bedeutung des Verbs wird dann erst in der deutschen Übersetzung deutlich, z. B.:

eĩti	gehen
ateĩti *zurück-gehen*	kommen *(zu Fuß)*
užeĩti *VS-gehen*	gehen *(kurz hinein und gleich wieder hinaus)*

rückbezügliche Tätigkeitswörter

Die rückbezüglichen Tätigkeitswörter (z. B. *sich waschen*) erkennt man im Litauischen in der Grundform an der Endung -tis. Erhält ein rückbezügliches Verb eine Vorsilbe, dann schiebt sich zwischen Vorsilbe und Grundverb -si-. Dafür fällt das -s am Ende weg, z. B.:

svéikintis	**atsisvéikinti**
grüßen-sich	*VS-sich-grüßen*
sich grüßen	sich verabschieden

Übrigens muss ein litauisches rückbezügliches Verb nicht unbedingt einem rückbezüglichen Verb im Deutschen entsprechen, z. B.:

juõktis	**tikė̃tis**	**mókytis**
lachen-sich	*glauben-sich*	*lehren-sich*
lachen	hoffen	lernen

Zeiten

Das litauische Verb kann in vier Zeitformen vorkommen: Gegenwart, Zukunft, die sogenannte einmalige und die mehrmalige Vergangenheit.

Die einmalige Vergangenheit kann im Deutschen sowohl durch die einfache Vergangenheit (Imperfekt: „ich sah“) als auch durch die vollendete Vergangenheit (Perfekt: „ich habe gesehen“) wiedergegeben werden. Sie bezeichnet nicht, wie man annehmen könnte, ausschließlich einmalige Handlungen, sondern auch wiederholte, andauernde Handlungen, Prozesse usw., und ist daher mit den deutschen Vergangenheitsformen am ehesten vergleichbar.

Die mehrmalige Vergangenheit bezeichnet ausschließlich eine gewohnheitsmäßige Handlung und wird daher seltener angewendet. Im Deutschen existiert keine entsprechende Vergangenheitsform. Nur solche Wörter wie visadà *(immer)*, kar̃tais *(manchmal)*, dažnaĩ *(oft)* und andere weisen darauf hin, dass hier die mehrmalige Vergangenheitsform angebracht ist. Man wird jedoch auch verstanden, wenn man in solchen Fällen die einmalige Vergangenheitsform anwendet. Auf die Darstellung der mehrmaligen Vergangenheit wird hier deshalb völlig verzichtet.

Beugungsklassen

Will man ein litauisches Tätigkeitswort richtig beugen, muss man wissen, zu welcher der Beugungsklassen es gehört. Dies lässt sich an der Endung der 3. Person *(er, sie)* erkennen, die in Wörterbüchern nach der Grundform des Verbs aufgeführt wird. Die erste Endung gilt für die Gegenwart, die zweite für die einmalige Vergangenheit, z. B.:

dìrbti (-a, -o) →	**jìs dìrba**	**jìs dìrbo**
arbeiten	er arbeitet	er arbeitete

Anhand dieser Endungen in der 3. Person werden in der Gegenwart drei und in der einmaligen Vergangenheit zwei Beugungsklassen unterschieden.

Gegenwart	I	II	III
	-(i)a	-i	-o
einmalige	I	II	
Vergangenheit	-o	-ė	

In der Zukunft und der mehrmaligen Vergangenheit gibt es keine Beugungsklassen. Hier ist die Beugung bei allen regelmäßigen Verben einheitlich.

allgemeine Beugungsregeln

In der Regel wird bei der Beugung die Verbendung -ti durch die entsprechende Endung ersetzt:

gyvénti	**àš gyvenù**	**tù gyvenì**
wohnen	ich wohne	du wohnst

Endet der Verbstamm auf ein -o, dann schiebt sich noch ein -j- vor die Endung:

galvóti	**àš galvóju**	**tù galvóji**
denken	ich denke	du denkst

Endet der Verbstamm auf -e, wird dieses auch noch abgestrichen:

turė́ti	**àš turiù**	**tù turì**
haben	ich habe	du hast

Diese Veränderungen sind bei der Angabe der Endung der 3. Person in Wörterlisten schon mit aufgeführt, z. B.:

galvóti (-ja, -jo)	**turė́ti (-i, -ėjo)**
denken	haben

Die jeweils angegebene Endung für die 3. Person gilt sowohl für die Einzahl *(er, sie)*, als auch für die Mehrzahl *(sie)*.

Von dieser Endung ausgehend ist die Bildung der 1. und 2. Person Mehrzahl („wir" bzw. „ihr") völlig unproblematisch. In der 1. Person Mehrzahl *(wir)* hängt man noch -me und in der 2. Person Mehrzahl *(ihr)* noch -te an, z. B.:

Es gehört zu den Merkwürdigkeiten des Litauischen, dass es zwar eine Unmenge von Beugungskategorien aller Art gibt, aber beim Verb in der 3. Person eben nirgendwo der für uns so selbstverständliche Unterschied zwischen Ein- und Mehrzahl gemacht wird.

jìs / jì dìrba
er / sie arbeitet

mẽs dirbame	**jū̃s dìrbate**	**jiẽ / jõs dìrba**
wir arbeiten	ihr arbeitet	sie arbeiten

Nun müssen eigentlich nur noch die Endungen der 1. und 2. Person gelernt werden.

Bei rückbezüglichen Verben ohne Vorsilbe wird noch -si (1. bis 3. Person Einzahl) bzw. -s (1. und 2. Person Mehrzahl) angefügt. Hat das rückbezügliche Verb jedoch eine Vorsilbe, endet es genau wie normale Verben auf -ti, denn -si- steht schon zwischen Vorsilbe und Grundverb (vgl. Abschnitt „Vorsilben“).

džiaũgtis	**àš džiaugiúosi**
freuen-sich	*ich (ich-)freue-sich*
sich freuen	ich freue mich
apsidžiaũgti	**àš apsidžiaũgiu**
VS-sich-freuen	*ich (ich-)VS-sich-freue*
sich freuen	ich freue mich

Wenn sich bei der Beugung lautliche Veränderungen im Verbstamm vollziehen, dann gibt ein gutes Wörterbuch auch Auskunft darüber. In diesen Fällen wird nicht nur die Endung, sondern meist das ganze Wort in der 3. Person Gegenwart und einmaligen Vergangenheit angegeben, z. B.:

bū̃ti (yrà, bùvo)	sein
dúoti (dúoda, dãvė)	geben

Trotz der Lautveränderungen ist die Beugung dieser Verben nicht schwierig. Man geht auch bei diesen Formen von der Endung der 3. Person aus, d. h. vom letzten Buchstaben, und ordnet auf dieser Grundlage das Verb der entsprechenden Beugungsklasse zu. Die Endungen in den einzelnen Personen werden dann an den Stamm der 3. Person angefügt.

Gegenwart

▶I. Beugungskl.: 3. Pers. auf -(i)a bzw. -(i)asi

normal	rückbezügl. ohne Vorsilbe	
-(i)u	-(i)uosi	àš *(ich)*
-i	-iesi	tù *(du)*
-(i)a	-(i)asi	jìs / jì *(er / sie)*
-(i)ame	-(i)amės	mẽs *(wir)*
-(i)ate	-(i)atės	jũs *(ihr / Sie)*
-(i)a	-(i)asi	jiẽ / jõs *(sie)*

dìrbti (-a,-o) (arbeiten)	džiaũgtis (-iasi,-ėsi) (sich freuen)	
dìrbu	džiaugiúosi	àš *(ich)*
dìrbi	džiaugíesi	tù *(du)*
dìrba	džiaũgiasi	jìs / jì *(er / sie)*
dìrbame	džiaũgiamės	mẽs *(wir)*
dìrbate	džiaũgiatės	jũs *(ihr / Sie)*
dìrba	džiaũgiasi	jiẽ / jõs *(sie)*

▶II. Beugungskl.: 3. Person auf -i bzw. -isi

normal	rückbezügl. ohne Vorsilbe	
-iu	-iuosi	àš *(ich)*
-i	-iesi	tù *(du)*
-i	-isi	jìs / jì *(er / sie)*
-ime	-imės	mẽs *(wir)*
-ite	-itės	jũs *(ihr / Sie)*
-i	-isi	jiẽ / jõs *(sie)*

▶III. Beugungskl.: 3. Pers. auf -o bzw. -osi

	normal	rückbezügl. ohne Vorsilbe
àš (*ich*)	-au	-ausi
tù (*du*)	-ai	-aisi
jìs / jì (*er / sie*)	-o	-osi
mẽs (*wir*)	-ome	-omės
jū̃s (*ihr / Sie*)	-ote	-otės
jiẽ / jõs (*sie*)	-o	-osi

Die Endungen der normalen und der rückbezüglichen Verben sind sehr ähnlich: aus u wird uo, aus i (2. Person) wird ie. Die anderen Endungen stimmen überein, abgesehen davon, dass noch -si bzw. -s angefügt wird.

einmalige Vergangenheit

▶I. Beugungskl.: 3. Pers. auf -(j)o bzw. -(j)osi

	normal	rückbezügl. ohne Vorsilbe
àš (*ich*)	-(j)au	-(j)ausi
tù (*du*)	-(j)ai	-(j)aisi
jìs / jì (*er / sie*)	-(j)o	-(j)osi
mẽs (*wir*)	-(j)ome	-(j)omės
jū̃s (*ihr / Sie*)	-(j)ote	-(j)otės
jiẽ / jõs (*sie*)	-(j)o	-(j)osi

Bei Verben, deren Stamm auf -uo oder -au endet, ändert sich bei der Beugung in allen Personen gleichermaßen der Stamm (Lautwechsel): Aus -uo bzw. -au wird -av-. Daran schließen die Endungen der I. Beugungsklasse an.

važiúoti (fahren)	keliáuti (reisen)	
važiavaũ	**keliavaũ**	àš *(ich)*
važiavaĩ	**keliavaĩ**	tù *(du)*
važiãvo	**keliãvo**	jìs / jì *(er / sie)*
važiãvome	**keliãvome**	mẽs *(wir)*
važiãvote	**keliãvote**	jũs *(ihr / Sie)*
važiãvo	**keliãvo**	jiẽ / jõs *(sie)*

▶II. Beugungskl.: 3. Person auf -ė bzw. -ėsi

normal	rückbezügl. ohne Vorsilbe	
-iau	**-iausi**	àš *(ich)*
-ei	**-eisi**	tù *(du)*
-ė	**-ėsi**	jìs / jì *(er / sie)*
-ėme	**-ėmės**	mẽs *(wir)*
-ėte	**-ėtės**	jũs *(ihr / Sie)*
-ė	**-ėsi**	jiẽ / jõs *(sie)*

Zukunft

In der Zukunft werden alle regelmäßigen Verben gleich gebeugt, indem an den Verbstamm die entsprechende Endung angefügt wird.

Typisch für die Zukunft ist das -s-, das bei allen Personen zwischen dem Stamm und der Endung steht.

normal	rückbezügl. ohne Vorsilbe	
-siu	**-siuos**	àš *(ich)*
-si	**-sies**	tù *(du)*
-s	**-sis**	jìs / jì *(er / sie)*
-sime	**-simės**	mẽs *(wir)*
-site	**-sitės**	jũs *(ihr / Sie)*
-s	**-sis**	jiẽ / jõs *(sie)*

	dìrbti (-a,-o) (arbeiten)	džiaũgtis (-iasi,-ėsi) (sich freuen)
àš *(ich)*	**dìrbsiu**	**džiaũgsiuos**
tù *(du)*	**dìrbsi**	**džiaũgsies**
jìs / jì *(er / sie)*	**dìrbs**	**džiaũgsis**
mẽs *(wir)*	**dìrbsime**	**džiaũgsimės**
jũs *(ihr / Sie)*	**dìrbsite**	**džiaũgsitės**
jiẽ / jõs *(sie)*	**dìrbs**	**džiaũgsis**

das Hilfsverb „sein“

Das Hilfsverb bū́ti (yrà, bùvo) *(sein)* gehört zu den unregelmäßigen Verben. Da das Verb sehr häufig gebraucht wird, sollte man es möglichst beherrschen. Die Formen der Gegenwart, denen das veraltete ẽsti *(vorkommen, sein)* zugrunde liegt, muss man regelrecht auswendig lernen. Die anderen Zeitformen sind von bū́ti abgeleitet.

	Gegenw.	einmal. Vergang.	mehrmal. Vergang.	Zukunft
àš *(ich)*	**esù**	**buvaũ**	**bū́davau**	**bū́siu**
tù *(du)*	**esì**	**buvaĩ**	**bū́davai**	**bū́si**
jìs / jì *(er / sie)*	**yrà**	**bùvo**	**bū́davo**	**bùs**
mẽs *(wir)*	**ẽsame**	**bùvome**	**bū́davome**	**bū́sime**
jũs *(ihr / Sie)*	**ẽsate**	**bùvote**	**bū́davote**	**bū́site**
jiẽ / jõs *(sie)*	**yrà**	**bùvo**	**bū́davo**	**bùs**

Die Litauer lassen die 3. Person Einzahl *(ist)* häufig weg. Wird sie doch genannt, soll sie hervorheben, dass etwas wirklich vorhanden ist, im Gegensatz zu nėrà *(nicht vorhanden)*.

Jìs namiẽ.	**Jìs yrà namiẽ.**
er zu-Hause	*er (er-)ist zu-Hause*
Er ist zu Hause.	Er ist zu Hause.

Modalverben

Jeder Mensch hat ab und zu Wünsche, Bedürfnisse, fühlt sich Zwängen ausgesetzt oder will einfach nur kundtun, wozu er in der Lage ist. Um dem Ausdruck zu verleihen, braucht er Modalverben, wie „wollen", „können", „dürfen" usw.

Die folgenden Modalverben werden regelmäßig gebeugt. Hat man sich deren Beugung einmal eingeprägt, kann man das Beugen der meisten anderen Verben umgehen und sich dennoch grammatikalisch korrekt ausdrücken. Dazu setzt man einfach vor das gewünschte Verb in der Grundform (z. B. pir̃kti = *kaufen*) ein Modalverb (z. B. *möchte*) in der richtig gebeugten Form, also anstelle von:

Jìs per̃ka ...	**Jìs nóri pir̃kti ...**
Er kauft ...	Er möchte ... kaufen.

galéti (-i, -ėjo)	können *(als Möglichkeit und Fähigkeit)*, dürfen
mokéti (-a, -ėjo)	können *(als Fähigkeit)*
noréti (-i, -ėjo)	wollen, möchte
turéti (-i, -ėjo)	müssen, sollen

Die eigentliche Bedeutung von turéti *ist „haben". Die modale Verwendung beruht also auf „etw. zu tun haben".*

Es gibt zwei nützliche unveränderliche Formen, die von galéti *(können)* abgeleitet sind:

Gãlima.	**Negãlima.**
möglich	*unmöglich*
Es ist möglich.	Es ist nicht möglich.
Man darf.	Man darf nicht.

Nach diesen Formen kann ein beliebiges Verb gebraucht werden:

Gãlima įeĩti.
möglich ein-gehen
Man darf eintreten.

Häufig gebraucht wird auch reĩkia *(man muss, es ist nötig, man braucht)* bzw. reikė́jo *(man musste, es war nötig, man brauchte)*. Dabei muss man allerdings Folgendes beachten:

Derjenige, der etwas braucht oder tun muss (z. B. *ich*) steht nicht in der Grundform, sondern im 3. Fall (hier: *mir*).

Folgt nach reĩkia ein Hauptwort, wird es mit „brauchen" übersetzt. Das betreffende Hauptwort muss dann im 2. Fall stehen:

Mán reĩkia pinigų̃.
mir-3 (es-)ist-nötig Geld-2
Ich brauche Geld.

Folgt nach reĩkia ein ungebeugtes Verb, bedeutet das Modalverb „müssen", z. B.:

Mán reĩkia dìrbti.
mir-3 (es-)ist-nötig arbeiten
Ich muss arbeiten.

Befehlsform

Die Befehlsform entsteht durch Abstreichen der Infinitivendung -ti und deren Ersetzung durch die Endungen -k bei Aufforderungen an eine Person, -kime, wenn sich der Sprecher selbst mit einschließt, und -kite, wenn man sich an mehrere Personen richtet. Letztere Form benutzt man gleichzeitig, wenn man eine Person höflich auffordert, etwas zu tun.

	normal	rückbezügl. ohne Vorsilbe
eine Person	**-k**	**-kis**
einschließl. Sprecher	**-kime**	**-kimės**
mehrere Personen	**-kite**	**-kitės**

Válgyk!	Iss!
Valgýkime!	Essen wir!
Valgýkite!	Esst!, Essen Sie!
Sė́skis!	Setz dich!
Sė́skimės!	Setzen wir uns!
Sė́skitės!	Setzt euch!, Setzen Sie sich!

Umstandswörter

Umstandswörter (Adverbien) antworten auf die Frage kaĩp? *(wie?)*. Sie lassen sich leicht von Eigenschaftswörtern ableiten: Aus der männlichen Einzahlendung -as wird -ai, z. B. geraĩ *(gut, Umst.)* aus gẽras, und aus -us wird -iai, so z. B. gražiaĩ *(hübsch, Umst.)* aus gražùs.

Kaĩp sẽkasi?	**Geraĩ.**
wie (es-)gelingt-sich	
Wie geht's?	Gut.

Jì gražiaĩ atródo.
sie hübsch(Umst.) (sie-)VS-zeigt
Sie sieht hübsch aus.

Steigerung von Umstandswörter

Bei der Steigerung wird an den Stamm des Umstandsworts in der 1. Steigerungsstufe -iau und in der 2. Stufe -iausiai angefügt.

Grundform	1. Stufe	2. Stufe
geraĩ gut	**geriaũ** besser	**geriáusiai** am besten
gražiaĩ schön, hübsch	**gražiaũ** schöner, hübscher	**gražiáusiai** am schönsten, am hübschesten

In der folgenden Liste sind Wörter zusammengefasst, die man immer benötigt:

iȓgi	auch	**žìnoma**	natürlich
betõ	außerdem	**tìk**	nur
ýpač	besonders	**labaĩ**	sehr
užtàt	dafür	**véltui**	umsonst
tãriant	das heißt	**bū́tinaĩ**	unbedingt
bevéik	fast	**gál**	vielleicht
visái	ganz	**turbū́t**	wahrscheinlich
ganà	genug	**pãvyzdžiui**	zum Beispiel
bū́tent	nämlich	**kartù**	zusammen

Straßenszene in Kaunas

Verhältniswörter

Die litauischen Verhältniswörter (Präpositionen), also „in“, „bei“ usw., erfordern wie im Deutschen, dass das nachfolgende Hauptwort in einem bestimmten Fall steht, also gebeugt wird. Im Litauischen kann dies der 2., 4. oder 5. Fall sein.

den 2. Fall fordern

añt	auf
bè	ohne
dė̃l	wegen
tarp̃	zwischen
ìš	aus, von, seit *(zeitl., örtl.)*
nuõ	aus, von, seit *(zeitl., örtl.)*
ikì	bis *(zeitl., örtl.)*
priẽ	zu, an
põ	nach *(zeitl.)*
šalià	neben, bei
ùž	hinter

den 4. Fall fordern

apiẽ	über *(z. B.: über etw. erzählen)*, etwa, ungefähr
į̃	nach *(örtl.)*, zu, in *(auf die Frage „wohin?“)*
pàs	zu
per̃	durch, während
priẽš	gegen, gegenüber, vor *(örtl. / zeitl.)*
prõ	durch, vorbei
ùž	für
põ	durch *(örtl.)*

sù	mit
põ	unter *(örtl.)*

den 5. Fall fordern

Es gibt hier also eine ganze Reihe von Abweichungen vom Deutschen. So verlangen beispielsweise ikì *(bis)*, ìš und nuõ (beide: *aus, von*) im Litauischen den 2. Fall, während im Deutschen der 4. Fall steht.

iš Leĩpcigo
aus Leipzig-2
aus Leipzig

nuõ Miùncheno
von München-2
von München

Auch Städtenamen erhalten hier die entsprechenden Endungen.

Um auszudrücken, dass sich etwas „in" oder „an" befindet, also die Lage an einem bestimmten Ort, benötigt man im Litauischen gar kein Verhältniswort, sondern der betreffende Ort wird in den 6. Fall gesetzt, z. B.:

Leĩpcige
in Leipzig

Will man sich nicht mit der Beugung befassen und lässt nach dem Verhältniswort das Hauptwort in der Grundform (1. Fall), kann man sich trotzdem verständlich machen.

Die 7 Fälle

Genauso wie im Deutschen werden im Litauischen die Hauptwörter, Eigenschaftswörter und die verschiedenen Fürwörter verändert, je nachdem, in welchem Fall sie gebraucht werden. Allerdings gestaltet sich das im Litauischen noch um einiges komplizierter, da es hier in Einzahl wie Mehrzahl je drei Fälle mehr gibt und zusätzlich allein bei den Hauptwörtern fünf Beugungsklassen. Wer sich nicht so intensiv mit dem Litauischen beschäftigen möchte, könnte als Alternative dazu zwischen zwei Varianten wählen. Zum einen kann man alles in der Grundform (1. Fall) aussprechen. In vielen Situationen wird man natürlich auch dann verstanden, allerdings kann es zu erheblichen Missverständnissen kommen. Zum anderen könnte man sich die Beugung schrittweise erschließen und zwar in Abhängigkeit von der Häufigkeit des Gebrauchs in der Reihenfolge: 4., 6., 2., 3., 5. und 7. Fall.

Wenn möglich, sollte man auf die Fragewörter achten, denn daran erkennt man oft schon den nötigen Fall in der Antwort.

2. Fall: **kõ?** *(wessen?; weshalb?, warum?)*
kienõ? *(wessen?; nur für Personen)*

Von den vielen Anwendungsbereichen des 2. Falls hier nur einige:

Viele Verben und Präpositionen, die im Deutschen den 4. Fall. verlangen, erfordern im Litauischen den 2. Fall.

Jìs ieško sūnaũs.
er (er-)sucht Sohn-2
Er sucht den Sohn.

Mit dem 2. Fall bezeichnet man auch eine unbestimmte Menge, meist von Lebensmitteln oder Getränken, z. B.:

Dúok vỹno!
gib Wein-2
Gib (etwas) Wein!

Ist etwas nicht vorhanden oder besitzt man etwas nicht, steht das Fehlende im 2. Fall, z. B.:

Jìs netùri sūnaũs.
er (er-)nicht-hat Sohn-2
Er hat keinen Sohn.

3. Fall: **kám?** *(wem?; wozu?)*

Abgesehen von einigen Verben, die im Litauischen den 3. Fall verlangen, sollte man sich vor allem merken, dass der Adressat einer Handlung oft im 3. Fall steht.

Dúok sū́nui vỹno!
gib Sohn-3 Wein-2
Gib dem Sohn (etwas) Wein!

Der 4. Fall kommt wie im Deutschen häufig vor, vor allem beim direkten Objekt von Verben und nach Verhältniswörtern.

4. Fall: ką? *(was?; wen?)*

Dúok mán sū́nų!
gib mir-3 Sohn-4
Gib mir den Sohn!

5. Fall: kuõ? *(womit?)*

Das Mittel, das bei einer Handlung eingesetzt wird, bzw. ein Begleiter stehen im 5. Fall. Daneben gibt es auch einige Verben und Umstandswörter, die den 5. Fall fordern.

Àš važiúoju su sūnumì.
ich (ich-)fahre mit Sohn-5
Ich fahre mit dem Sohn.

6. Fall: kamè? (worin?) *oder* kur̃? (wo?)

Der 6. Fall tritt immer bei Ortsangaben (im weitesten Sinne) auf. Ein Verhältniswort (Präposition) ist dabei nicht erforderlich.

Jì gyvẽna Leĩpcige.
sie (sie-)wohnt Leipzig-6
Sie wohnt in Leipzig.

7. Fall

Das ist der „Anredefall“. Wer jemanden ansprechen, rufen oder jemandem schreiben möchte, setzt den Namen der betreffenden Person in den 7. Fall.

Labà dienà, Pẽtrai!
Guten Tag, Petras!

Beugung des Hauptwortes

Beim Hauptwort unterscheidet man nach den Endungen im 1. Fall Einzahl unabhängig vom Geschlecht fünf Beugungsklassen. Die zu den Beugungsklassen gehörenden Endungen sind aus den Tabellen auf den folgenden Seiten zu ersehen. In jeder Klasse gibt es wiederum verschiedene Gruppen, die sich durch ihre Betonung unterscheiden. Um einen groben Überblick zu ermöglichen, habe ich jedoch nur die Wortendungen in den einzelnen Beugungsklassen aufgeführt.

Bei vielen grammatischen Fällen ist in den meisten Beugungsklassen der letzte Buchstabe der Endung identisch. Deshalb kann man folgendes Grundschema nutzen:

In diesem Schema steht V für einen bestimmten Selbstlaut (Vokal), der von der jeweiligen Beugungsklasse abhängt. In vielen Fällen kann man den Vokal aus der Grundform (1. Fall) ableiten. Wichtiger sind allerdings die eindeutigen Endungen.

Fall	*m Ez*	*w Ez*	*m Mz*	*w Mz*
2.	-(i)o, -Vs	-(i)Vs	-(i)ų	-(i)ų
3.	-(i)ui	-(i)Vi	-(i)Vms	-(i)Vms
4.	-(i)ą, -į, -(i)ų	-(i)ą, -ę, -į	-(i)us, -is	-Vs
5.	-(i)u, -(i)Vmi	-(i)a, -e, -imi	-(i)ais, -(V)mis	-Vmis
6.	-(Vj)e	-Vje	-(i)Vse	-(i)Vse

Tritt im 1. Fall Einzahl in bzw. vor der Endung ein i auf (z. B. kẽlias = *Weg*), dann zieht es sich durch fast alle Fälle hindurch. In der Tabelle ist das in Klammern durch (i) gekennzeichnet.

Die 7 Fälle

Für ausgesprochen Grammatik-Interessierte folgt hier eine ziemlich vollständige Liste der Fallendungen, nach Beugungsklassen aufgeschlüsselt.

Die Endungen des 2. Falls Einzahl lassen sich nicht vereinheitlichen. In den Wörterlisten im Anhang findet man jedoch zu jedem Hauptwort diese Endung mit angegeben.

Der 4. Fall endet in der Einzahl immer auf einen Selbstlaut mit Häkchen, und zwar auf denselben wie der letzte Selbstlaut der Grundform, dort allerdings ohne Häkchen (bei den männlichen Wörtern folgt diesem Selbstlaut in der Grundform noch die Endung -s). Fügt

▶Einzahl

	I. Klasse					II. Klasse		III. Klasse
1.	-as	-ias	-is	-ys	-jas	-(i)a	-ė	-is
2.	-o	-io	-io	-io	-jo	-(i)os	-ės	-ies
3.	-ui	-iui	-iui	-iui	-jui	-(i)ai	-ei	-iai *(m)* / -iui *(w)*
4.	-ą	-ią	-į	-į	-ją	-(i)ą	-ę	-į
5.	-u	-iu	-iu	-iu	-ju	-(i)a	-e	-imi
6.	-e	-yje	-yje	-yje	-juje	-(i)oje	-ėje	-yje
7.	-e, -ai	-y	-i	-y	-jau	-(i)a	-e	-ie

▶Mehrzahl

	I. Klasse		II. Klasse		III. Klasse
1.	-(i)ai	-jai	-(i)os	-ės	-ys
2.	-(i)ų	-jų	-(i)ų	-ių	-ių
3.	-(i)ams	-jams	-(i)oms	-ėms	-ims
4.	-(i)us	-jus	-(i)as	-es	-is
5.	-(i)ais	-jais	-(i)omis	-ėmis	-imis
6.	-(i)uose	-juose	-(i)ose	-ėse	-yse
7.	-(i)ai	-jai	-(i)os	-ės	-ys

man bei weiblichen Wörtern hier noch ein -s an, hat man schon den 4. Fall Mehrzahl gebildet. Die männlichen enden im 4. Fall Mehrzahl auf -(i)us bzw. in der III. Klasse auf -is.

1. Fall *Ez*	4. Fall *Ez*	4. Fall *Mz*
gãtvė *(w)* (Straße)	**gãtvę**	**gãtves**
mìškas *(m)* (Wald)	**mìšką**	**mìškus**

IV. Klasse		V. Klasse mit Stammerweiterung		
		-er-	**-en-**	**-es-**
-us	**-ius**	**sesuõ** (Schwester)	**ruduõ** (Herbst)	**mė́nuo** (Monat)
-aus	**-iaus**	**seser̃s**	**rudeñs**	**mė́nesio**
-ui	**-iui**	**sẽseriai**	**rùdeniui**	**mė́nesiui**
-ų	**-ių**	**sẽserį**	**rùdenį**	**mė́nesį**
-umi	**-iumi**	**sẽseria**	**rùdeniu**	**mė́nesiu**
-uje	**-iuje**	**seseryjè**	**rudenyjè**	**mė́nesyje**
-au	**-iau**	**seseriẽ**	**rudeniẽ**	**mė́nesi**

IV. Klasse		V. Klasse mit Stammerweiterung		
-ūs	**-iai**	**sẽserys**	**rùdenys**	**mė́nesiai**
-ų	**-ių**	**seserũ**	**rudenũ**	**mė́nesių**
-ums	**-iams**	**seserìms**	**rudenìms**	**mė́nesiams**
-us	**-ius**	**sẽseris**	**rùdenis**	**mė́nesius**
-umis	**-iais**	**seserimìs**	**rudenimìs**	**mė́nesiais**
-uose	**-iuose**	**serysè**	**rudenysè**	**mė́nesiuose**
-ūs	**-iai**	**sẽserys**	**rùdenys**	**mė́nesiai**

Die V. Beugungsklasse umfasst einige Wörter, die im 1. Fall Einzahl auf -uo bzw. -ė enden und deren Stamm sich bei der Beugung in Ein- und Mehrzahl erweitert. Da es sich nur um relativ wenige Wörter handelt, wurden in der Tabelle einige wichtige vollständig gebeugt.

Beugung der Eigenschaftswörter

Für die Notwendigkeit, sich auch mit der Beugung dieser beiden Wortarten zu beschäftigen, gilt sinngemäß das für die Hauptwörter Gesagte.

Hauptwörter treten häufig zusammen mit einem hinweisenden Fürwort oder einem Eigenschaftswort bzw. mit beiden gleichzeitig auf. Die Beugungsendungen dieser drei verschiedenen Wortarten sind recht ähnlich.

Anhand je eines männlichen und weiblichen Wortes sei die Beugung von tàs *(dieser)* bzw. tà *(diese)* und eines Eigenschaftswortes demonstriert. Zum leichteren Einprägen sei darauf verwiesen, dass die Beugungsendungen von tàs *(dieser)* und tà *(diese)* fast vollständig mit denen der persönlichen Fürwörter jìs *(er)* und jì *(sie)* übereinstimmen.

	m Ez dieser gute Mann	***w Ez*** dieses gute Buch
1.	**tàs gẽras výras**	**tà gerà knygà**
2.	**tõ gẽro výro**	**tõs gerõs knỹgos**
3.	**tám gerám výrui**	**tái gẽrai knỹgai**
4.	**tą̃ gẽrą výrą**	**tą̃ gẽrą knỹgą**
5.	**tuõ gerù výru**	**tà gerà knygà**
6.	**tamè geramè výre**	**tojè gerojè knygojè**

m Mz diese guten Männer	*w Mz* diese guten Bücher
1. **tiẽ gerì výrai**	**tõs gẽros knỹgos**
2. **tų̃ gerų̃ výrų**	**tų̃ gerų̃ knỹgų**
3. **tíems geríems výrams**	**tóms geróms knỹgoms**
4. **tuõs gerùs výrus**	**tàs geràs knygàs**
5. **taĩs geraĩs výrais**	**tomìs geromìs knỹgomis**
6. **tuosè geruosè výruose**	**tosè gerosè knỹgose**

Beugung der persönlichen Fürwörter

▶Einzahl

	1. Person	2. Person	3. Person	
1.	**àš** (ich)	**tù** (du)	**jìs** (er)	**jì** (sie)
2.	**manę̃s** (mein)	**tavę̃s** (dein)	**jõ** (sein)	**jõs** (ihr)
3.	**mán** (mir)	**táu** (dir)	**jám** (ihm)	**jái** (ihr)
4.	**manè** (mich)	**tavè** (dich)	**jį̃** (ihn)	**ją̃** (sie)
5.	**manimì**	**tavimì**	**juõ**	**jà**
6.	**manyjè**	**tavyjè**	**jamè**	**jojè**

▶Mehrzahl

	1. Person	2. Person	3. Person	
1.	**mẽs** (wir)	**jū̃s** (ihr / Sie)	**jiẽ**	**jõs** (sie)
2.	**mū́sų** (unser)	**jū́sų** (euer / Ihr)	**jų̃**	**jų̃** (ihr)
3.	**mùms** (uns)	**jùms** (euch / Ihnen)	**jíems**	**jóms** (ihnen)
4.	**mùs** (uns)	**jùs** (euch / Sie)	**juõs**	**jàs** (sie)
5.	**mumìs**	**jumìs**	**jaĩs**	**jomìs**
6.	**mumysè**	**jumysè**	**juosè**	**josè**

Satzbau

Im Deutschen gilt die gleiche Grundwortfolge, aber die Details (Nebensätze usw.) sind bei uns viel komplizierter!

Die Wortfolge im litauischen Satz ist meist Satzgegenstand – Satzaussage – Satzergänzung (Subjekt – Prädikat – Objekt). Jedoch gilt diese Regel nicht streng.

Subjekt	Prädikat	Objekt
Jìs	**užsãkė**	**kam̃barį.**
er	*(er-)bestellte*	*Zimmer-4*
Er	bestellte	ein Zimmer.

Besteht das Prädikat aus mehreren Teilen steht das Hilfsverb in der Regel direkt vor dem Vollverb in der Grundform. Dann erst folgt das Objekt. Im Deutschen werden die beiden Verben durch das Objekt getrennt.

Jìs tùri užsakýti kam̃barį.
er (er-)hat bestellen Zimmer-4
Er muss ein Zimmer bestellen.

Uferpanorama in Kaunas

Fragen

Man unterscheidet zwischen Entscheidungsfragen (Antwort: *ja* oder *nein*) und Fragen mit Fragewörtern (Antwort: ein vollständiger Satz bzw. Satzteil).

Entscheidungsfragen

Die einfachsten Fragen bildet man, indem man an den Anfang eines normalen Aussagesatzes das Wörtchen ar̃ setzt.

Die Fragepartikel ar̃ hat keine eigene Bedeutung. In der Wort-für-Wort-Übersetzung steht an dessen Stelle deshalb nur „FW" (Fragewort).

Ar̃ tù žinaĩ?
FW du (du-)weißt
Weißt du das?

Ar̃ taĩ kavìnė?
FW das Café
Ist das ein Café?

K-Fragen

K-Fragen sind Fragen mit „echten" Fragewörtern, die im Litauischen alle mit „k" beginnen und im Deutschen mit „w":

kàs?	wer?, was?	**kur̃?**	wo(hin)?
kienõ?	wessen?	**kadà?**	wann?
kám?	wem?, wozu?	**kodė̃l?**	warum?
ką̃?	was?, wen?	**kíek?**	wie viel?
kuõ?	womit?, wodurch?	**kaĩp?**	wie?
kõ?	wessen?, weshalb?, warum?	**kamè?**	worin?

Iš kur̃?
Von wo? / Woher?

Nuõ kadà?
Von (Ab, Seit) wann?

Kur̃ tù einì?
wo du (du-)gehst
Wo gehst du hin?

Kur̃ Jū̃s gyvẽnate?
wo Ihr (ihr-)wohnt
Wo wohnen Sie?

Bei den folgenden Fragewörtern muss man darauf achten, ob sich das Fragewort auf ein männliches oder weibliches Hauptwort bezieht. Dementsprechend gibt es auch noch Mehrzahlformen. Diese Fragewörter werden wie Eigenschaftswörter gebeugt.

kurì(s)?	welche(r) ?
kóks?	was für einer?
kokià?	was für eine?
kelim̃tas?	der Wievielte?
kelintà?	die Wievielte?
kelì?	wie viele? *(männlich)*
kẽlios?	wie viele? *(weiblich)*

Kóks tai̇̃ muziẽjus?
was-für-ein das Museum
Was ist das für ein Museum?

Kelintà valandà?
wievielte Stunde
Wie spät ist es?

Bejahung & Verneinung

Ar̃-Fragen fordern eine Entscheidung, die meist mit einem kurzen „Ja“ oder „Nein“ fällt.

Bejahung

Um eine Frage zu bejahen, wiederholen die Litauer auch häufig einen Teil der Frage, oft die Satzaussage. Ein ausdrückliches „Ja“ muss dabei nicht unbedingt auftauchen.

Ar̃ tù buvaĩ teatrè?
FW du (du-)warst Theater-6
Warst du im Theater?

Taĩp.	**Buvaũ.**	**Taĩp, buvaũ.**
	(ich-)war	*ja (ich-)war*
Ja.	Ja, war ich.	Ja, war ich.

Oft erwartet der Fragende ein Einverständnis, das man mit Hilfe der folgenden Wörter und Wendungen äußern könnte:

Taĩp.	Ja.
Geraĩ.	Gut.
Sutinkù.	Einverstanden.
Žìnoma.	Natürlich.
Mielaĩ.	Gern.
Áišku.	Klar.
Puikù.	Wunderbar.
Teisìngai.	Richtig.

Verneinung

Nè!
Nein!

Die Verneinung von Wörtern erfolgt mit der Vorsilbe nè-, die mit dem Wort verschmilzt:

nėrà (*aus:* nè yrà)	ist nicht vorhanden
negẽras	nicht gut, ungut
netolì	nicht weit, unweit
netvarkà	Unordnung

Bei der Verneinung der Satzaussage (Prädikat) erhält das Tätigkeitswort die Vorsilbe nè-, z. B.:

Nežinaũ.
(ich-)nicht-weiß
Ich weiß nicht.

Wird nur ein Satzteil verneint, steht nè als selbständiges Wort vor dem verneinten Satzteil, z. B.:

Jìs važiãvo nè į Vìlnių (bèt į Kaũną).
Er fuhr nicht nach Vilnius (sondern nach Kaunas).

Bei Verwendung verneinender Fürwörter *(niemand, nichts ...)* wird sowohl das Fürwort als auch das Verb verneint. Das bedeutet aber keinesfalls eine Bejahung, z. B.:

niẽkas ne...	niemand, nichts *(als Subjekt)*
niẽkada ne...	niemals
niẽkur ne...	nirgendwo
niẽko ne...	nichts *(als Objekt)*

Niẽkur nebùvo viẽtos.
nirgendwo (es-)nicht-war Platz-2
Nirgendwo war Platz.

Niẽko nepadarýsi!
nichts-2 (du-)nicht-VS-machen-wirst
Nichts zu machen!

Übrigens bedeutet Niẽko! auch „Macht nichts!"

Bindewörter

Aneinanderreihungen von Wörtern erhalten meist erst durch Bindewörter einen Sinn.

ir̃	und, auch
ar̃	oder, ob
arbà	oder
õ	und, doch, aber
bèt	aber, sondern
nès	weil, denn
nórs	obwohl, trotzdem
tačiaũ	dennoch, trotzdem
dėltõ	deshalb

jéi (jéigu)	wenn, falls
kaĩ	wenn, als
kàd	dass
kõl	solange
ir̃ ... ir̃	sowohl ... als auch
arbà (ar̃) ... arbà (ar̃)	entweder ... oder

Wenn man die Bindewörter kennt, sind zusammengesetzte Sätze kein Problem mehr. Im Unterschied zum Deutschen bleibt aber die Wortfolge Subjekt - Prädikat - Objekt in den zu verbindenden Sätzen weitgehend erhalten.

Jìs nóri válgyti, õ jì nenóri.
er (er-)will essen aber sie (sie-)nicht-will
Er möchte essen, aber sie nicht.

Jiẽ neatė̃jo, nès jiẽ neturė́jo laĩko.
sie (sie-)nicht-VS-gingen weil sie (sie-)nicht-hatten Zeit-2
Sie kamen nicht, weil sie keine Zeit hatten.

Àš žinaũ, kàd tù neturì pinigų̃.
ich (ich-)weiß dass du (du-)nicht-hast Geld-2
Ich weiß, dass du kein Geld hast.

Zahlen & Zählen

Für die Zahlen 1 bis 9 (außer 3) gibt es in Abhängigkeit vom Geschlecht des folgenden Hauptwortes eine männliche und eine weibliche Variante.

Grundzahlen

1	**víenas / vienà**	6	**šešì / šẽšios**
2	**dù / dvì**	7	**septynì / septýnios**
3	**trỹs**	8	**aštuonì / aštúonios**
4	**keturì / kẽturios**	9	**devynì / devýnios**
5	**penkì / peñkios**		

Zuerst steht die männliche Variante, nach dem Schrägstrich steht die weibliche Variante.

víenas lìtras
ein Liter

vienà valandà
eine Stunde

Die Zahlen 11 bis 19 haben die Endung -lika. Die Zehner werden mit -dešimt *(zehn)* gebildet.

11	**vienúolika**	10	**dẽšimt**
12	**dvýlika**	20	**dvìdešimt**
13	**trýlika**	30	**trìsdešimt**
14	**keturiólika**	40	**kẽturiasdešimt**
15	**penkiólika**	50	**peñkiasdešimt**
16	**šešiólika**	60	**šẽšiasdešimt**
17	**septyniólika**	70	**septýniasdešimt**
18	**aštuoniólika**	80	**aštúoniasdešimt**
19	**devyniólika**	90	**devýniasdešimt**

100	**šim̃tas**	200	**dù šimtaĩ**

Die Zahlwörter für 100 und 1000 sind männliche Hauptwörter auf -as *bzw.* -is. *„Tausend" heißt* tū̃kstantis.

Ordnungszahlen

Ordnungszahlen verändern sich in Abhängigkeit vom Geschlecht, der Zahl und dem Fall des Hauptworts. Sie haben Endungen wie Eigenschaftswörter der 1. Beugungsklasse (vgl. gẽras *gut*) und werden wie diese gebeugt. Die Endungen der Ordnungszahlen verändern sich regelmäßig:

männlich	**-as** *(Ez)*	**-ì** *(Mz)*
weiblich	**-à** *(Ez)*	**-os** *(Mz)*

pìrmas žmogùs
der erste Mensch

pirmì žmónės
die ersten Menschen

pirmà móteris
die erste Frau

pìrmos móterys
die ersten Frauen

Ein Lautwechsel erfolgt bei:

trẽčias	**trečià**	**tretì** *(m)*	**trẽčios** *(w)*
der dritte	die dritte	die dritten	die dritten

pìrmas	der 1.	**vienúoliktas**	der 11.
añtras	der 2.	**dvýliktas**	der 12.
trẽčias	der 3.	**trýliktas**	der 13.
ketvir̃tas	der 4.	**devynióliktas**	der 19.
peñktas	der 5.	**dvidešim̃tas**	der 20.
šẽštas	der 6.	**trisdešim̃tas**	der 30.
septiñtas	der 7.	**šim̃tas**	der 100.
aštuñtas	der 8.	**tū́kstantas**	der 1000.
deviñtas	der 9.		
dešim̃tas	der 10.		

Auffällig bei den Ordnungszahlen ist das eingeschobene -t- wie bei deutschen Ordnungszahlen. Nur pìrmas *(der erste)* und trẽčias *(der dritte)* stellen eine Ausnahme dar.

Auch das ist ein gemeinsames Erbe aus der indoeuropäischen Ursprache.

zusammengesetzte Zahlen

Ob es sich bei Zahlenschlangen um eine Grund- oder eine Ordnungszahl handelt, ist nur aus der letzten Zahlenkomponente zu ersehen, denn die vorherigen Komponenten sind immer Grundzahlen. Anders als im Deutschen stehen die Zehner vor den Einern.

tū́kstantis trỹs šimtaĩ dvìdešimt penkì
tausend drei hundert zwanzig fünf
tausenddreihundertfünfundzwanzig = 1325

tū́kstantis trỹs šimtaĩ dvìdešimt peñktas
tausend drei hundert zwanzig fünfter
der tausenddreihundertfünfundzwanzigste = 1325.

Zahlenschlangen dieser Art benötigt man vor allem bei Jahreszahlen. Im Deutschen steht am Ende der Jahreszahl eine Grundzahl. Im Litauischen dagegen ist die letzte Ziffer eine Ordnungszahl.

tū́kstantis devynì šimtaĩ devýniasdešimt pirmì mẽtai
tausend neun hundert neunzig erste Jahre
das Jahr 1991

Auf die Frage kuriaĩs mẽtais? *(in welchem Jahr?)* wird sowohl in der Frage als auch in der Antwort der 5. Fall angewendet, das heißt die Ordnungszahl am Ende der Zahlenschlange und mẽtai *(Jahr)* erhalten die Endung -ais.

tū́kstantis devynì šimtaĩ devýniasdešimt pirmaĩs mẽtais
tausend neun hundert neunzig erste Jahre-5
im Jahre 1991

Altersangaben

Will man Altersangaben grammatikalisch korrekt bilden, muss die Person im 3. Fall stehen.

Mẽtai *(Jahr)* ist ein Mehrzahlwort. Um nun Mehrzahlwörter zu zählen, gibt es in der litauischen Sche von 1 bis 9 spezielle Zahlwörter. Ab 10 benutzt man die Grundzahlen. Nach 1 bis 9 folgt mẽtai (1. Fall), nach 11 bis 19 und allen „runden" Zehnern, Hundertern usw. mẽtų (2. Fall).

1	**vienerì**	4	**ketverì**	7	**septynerì**
2	**dvejì**	5	**penkerì**	8	**aštuonerì**
3	**trejì**	6	**šešerì**	9	**devynerì**

Kíek Jùms mẽtų?
wie-viel Euch-3 Jahre-2
Wie alt sind Sie?

Mán trìsdešimt trejì mẽtai.
mir-3 dreißig drei Jahre
Ich bin dreiunddreißig.

Zeitangaben

Auch bei den Zeitangaben bleibt einem die Beugung nicht erspart.

allgemeine Zeitangaben

laĩkas	Zeit
minùtė	Minute
valandà	Stunde
dienà	Tag
naktìs	Nacht
saváitė	Woche
mėnuo	Monat
mẽtai	Jahr *(Jahre)*
rytaĩs	morgens
rytè	am Morgen
priešpiẽt	vormittags
pietų̃ metù	mittags
popiẽt	nachmittags
vakaraĩs	abends
vakarè	am Abend
naktimìs	nachts
nãktį	in der Nacht
ùžvakar	vorgestern
vãkar	gestern
šiañdien	heute
rytój	morgen
porýt	übermorgen
práeitą saváitę	vorige Woche
kìtą saváitę	nächste Woche

práeitą mėnesį	vorigen Monat
kìtą mėnesį	nächsten Monat
eitaĩs mẽtais	voriges Jahr
kitaĩs mẽtais	nächstes Jahr
vãkar vakarè	gestern Abend
rytój rytè	morgen früh

Uhrzeit

Kelintà dabar̃ valandà?
wievielte jetzt Stunde
Wie spät ist es jetzt?

Zur Beantwortung dieser Frage benutzt man für die Angabe der Stunden die Ordnungszahlen, für die Minuten die Grundzahlen. Bei präziseren Zeitangaben bleibt der Verweis auf die Uhr jedoch das beste Hilfsmittel, denn bei dem Versuch, die richtigen Endungen für die Zahlwörter zu finden, geht nur unnötig Zeit verloren.

Die „volle" Stunde wird mit der Ordnungszahl im 1. Fall ausgedrückt. Wer noch konkreter werden will, setzt die Angabe der Tageszeit hinzu.

Pirmà valandà (naktiẽs).
erste Stunde (Nacht-2)
Ein Uhr (nachts).

Bei Minutenangaben bezieht man sich grundsätzlich auf die volle Stunde: „Sechs

Uhr zehn“ wird zu „zehn (Minuten) der siebten (Stunde)“. Nach pùsė *(halb)* und penkiólika *(Viertel)* sowie allen Minuten bis dreißig steht das Ordnungszahlwort für die volle Stunde im 2. Fall weiblich. Valandõs *(Stunde / 2. F.)* denkt man sich nur, spricht es aber nicht aus.

Dẽšimt minùčių trečiõs.
zehn Minuten-2 dritten-2
Zehn nach zwei.

Pùsė antrõs.
halb zweiten-2
Halb zwei.

Penkiólika trečiõs.
fünfzehn dritten-2
Viertel nach zwei.

Nach der halben Stunde zieht man die verbleibenden Minuten bis zur nächsten vollen Stunde ab. Man benötigt dazu das Verhältniswort bè *(ohne)*, das den 2. Fall verlangt. Die Stunde steht im 1. Fall (weiblich).

Bè penkiólikos penktà.
ohne fünfzehn-2 fünfte
Drei Viertel fünf.

Bè dẽšimt minùčių penktà.
ohne zehn Minuten-2 fünfte
Zehn vor fünf.

Wie schon erwähnt, kommt man bei den Grundzahlwörtern auch gut mit dem 1. Fall aus, wenn es nur darum geht, verstanden zu werden. Die Zehner (dẽšimt *zehn* usw.) werden zudem grundsätzlich nicht gebeugt, so dass man nichts falsch machen kann.

Wochentage

In den Namen der Wochentage sind die Ordnungszahlen versteckt *(der erste, zweite, ... Tag)*. Aus dienà *(Tag)* wird -dienis. Nur der Sonntag bildet eine leichte Ausnahme.

Kurì šiañdien dienà?
welcher heute Tag
Welcher Tag ist heute?

pirmãdienis	Montag
antrãdienis	Dienstag
trečiãdienis	Mittwoch
ketvirtãdienis	Donnerstag
penktãdienis	Freitag
šeštãdienis	Sonnabend
sekmãdienis	Sonntag (*aber:* septintà „siebte")

Auch hier verwendet man den 4. Fall auf die Frage kadà? *(wann?)*, wenn man einen konkreten Wochentag im Auge hat.

pirmãdienį	am Montag
antrãdienį	am Dienstag

Monatsnamen

Kurìs dabar̃ mėnuo?
welcher jetzt Monat
Welchen Monat haben wir jetzt?

saũsis / -io	Januar
vasãris / -io	Februar
kóvas / -o	März
balañdis / -džio	April
gegužė̃ / -ės	Mai
birželis / -io	Juni
líepa / -os	Juli
rugpjū́tis / -čio	August
rugsėjis / -io	September
spãlis / -io	Oktober
lãpkritis / -čio	November
grúodis / -džio	Dezember

Nach dem Querstrich stehen die Endungen für den 2. Fall. Dieser wird bei Datumsangaben bzw. zur Beantwortung der Frage kadà? *(wann?)* benötigt. Dann nennt man nämlich zuerst den Monatsnamen im 2. Fall und fügt mė́nesį *(im Monat)* hinzu, z. B.:

saũsio mė́nesį	im Januar
vasãrio mė́nesį	im Februar

Zeitangaben

Jahreszeiten

pavãsaris	Frühling
pavãsarį	im Frühling
vãsara	Sommer
vãsarą	im Sommer
ruduõ	Herbst
rùdenį	im Herbst
žiemà	Winter
žiẽmą	im Winter

Datumsangaben

Beim Datum (datà) steht zuerst der Monatsname im 2. Fall. Es folgt die Tagesangabe mit einem abgewandelten Ordnungszahlwort, das die Endung -oji hat.

Kelintà šiañdien dienà?
wievielter heute Tag
Der Wievielte ist heute?

Šiañdien kóvo šeštóji.
heute März-2 sechster
Heute ist der 6. März.

Kelintà vãkar bùvo?
wievielter gestern (es-)war
Der Wievielte war gestern?

Vãkar bùvo vienuóliktoji.
gestern (es-)war elfter
Gestern war der elfte.

nützliche Zeitwörter

jaũ	schon
dár	noch
seniaĩ	seit langem
neseniaĩ	vor kurzem
ankstì	früh
vėlaĩ	spät
tuojaũ	sofort, gleich
vėliaũ	später
dabar̃	jetzt
netrùkus	bald
dažnaĩ	oft
retaĩ	selten
visadà	immer
kar̃tais	manchmal
pirmà	vorher, zuerst
paskuĩ	nachher

Frau in litauischer Tracht

Die Litauer

Zweifellos sind die Litauer **Patrioten,** auch die ca. eine Million Litauer, die inzwischen im Ausland (vor allem in den USA, Kanada, Südamerika und Australien) leben. Sie lieben ihre Heimat über alles.

Svetur̃ geraĩ, bèt namiẽ visų̃ geriaũsia.
in-Fremde gut aber zu-Hause alle-2 bestes
Zu Hause ist es doch am schönsten!

Die Litauer gelten als fried-, freiheits- und wahrheitsliebend und verfügen über einen ausgeprägten Gerechtigkeitssinn. Ihr **Verhältnis zu anderen Völkern** wird maßgeblich dadurch bestimmt, wie man sich zu ihnen verhält (nach dem Motto: Wie du mir, so ich dir). Im Vergleich zu den Russen und Polen haben die Deutschen bei den Litauern einen guten Stand. Man achtet ihre Kultur und sieht sogar die eine oder andere Gemeinsamkeit in der Mentalität. Übrigens bestand noch bis zum Zweiten Weltkrieg die Bevölkerung zu einigen Prozenten aus Deutschen. Das 1924 unter litauische Oberhoheit gestellte Memelland (heutiges Gebiet um Klaipėda) wurde gar mehrheitlich von Deutschen bewohnt.

Die Litauer sind aufgeschlossen gegenüber allem Neuem, neugierig auf andere Menschen, andere Länder und Völker. Ausländische Gäste werden sehr freundlich aufgenommen.

Die jahrhundertelange Auseinandersetzung mit den Unbilden der **Natur** (Wind, Wasser ...) hat den Mut und Arbeitswillen der Litauer gestählt und ihre Naturverbundenheit begründet. Hervorzuheben ist auch ihre künstlerische Ader, ihr großes Interesse an Literatur, Malerei, Theater und Gesang. Und dennoch sagt man den Litauern – wie im Übrigen allen nordischen Völkern – eine gewisse Schwerfälligkeit nach.

Abgesehen von diesen allgemeineren Charaktereigenschaften gibt es feine „Unterschiede" unter den Litauern: So sollen die Niederlitauer (žemaĩčiai) etwas zögernd-langsam bis zurückhaltend und auch hartnäckig bis stur sein. Die Oberlitauer (aukštaĩčiai) dagegen gelten in der Regel als rational denkend, vorsichtig und ordnungsliebend. Die im Südosten lebenden Litauer (dzū̃kai) sind ein lustiges, gutmütiges und besonders gastfreundliches Volk. Nun kann jeder selbst prüfen, wo es gewisse Parallelen gibt ...

Religion: 2,5 Mio. Einwohner Litauens sind katholisch. Seit den Unabhängigkeitsbestrebungen spielt der Glauben wieder eine größere Rolle in Litauen. An den Schulen wurde der fakultative Religionsunterricht eingeführt, der sehr rege besucht wird. Es werden neue Kirchen erbaut, da immer mehr Menschen, vor allem auch Jugendliche, regelmäßig Gottesdiensten beiwohnen wollen.

Die Familie

Ausgeprägter als im westlicheren Europa ist in Litauen das Gefühl der Zusammengehörigkeit innerhalb der Familie. Neben den Eltern, Kindern, Großeltern und Enkeln gehören in jedem Fall auch die Schwiegereltern und Paten zur Familie. Man besucht sich nicht nur zu den Feiertagen und hilft sich nicht nur dann, wenn Not am Mann ist. Sind die Kinder bereits aus dem Haus und haben ihre eigene Kleinfamilie gegründet (die Tendenz geht hin zur Einkindfamilie), heißt das nicht, dass man ab jetzt nur noch an sich denkt. Die Probleme der Eltern haben weiterhin Vorrang vor den eigenen Sorgen. Bis ins hohe Alter teilt man deren Alltagssorgen und -freuden. Diskussionen um eine mögliche Unterbringung in einem Altersheim kommen gar nicht erst auf. Andererseits steht aber auch immer die rüstige Oma zur Verfügung, wenn das Enkelkind ihrer bedarf.

Dass man gerade zur Mutter eine besonders herzliche Beziehung hat, zeigt sich vor allem am Muttertag (mótinos dienà). Am ersten Maisonntag ehren die kleinen und „großen" Kinder ihre Mütter mit Blumen oder gedenken ihrer am Grab.

Wer gehört zur Familie? Das Litauische ist sehr reich an verschiedensten Koseformen für die einzelnen Familienmitglieder, vor allem für Vater, Mutter, Großmutter und -vater.

šeimà	Familie
šeiminiñkas	Hausherr, Gastgeber
šeiminiñkė	Hausfrau, Gastgeberin
výras	Ehemann
žmonà	Ehefrau
tėvaĩ	Eltern
tė́vas	Vater
tė̃tė	Vati
tėtùlis	Papa
tėvùkas	Papa
mótina	Mutter
mamà	Mama
mamýtė	Mama
senẽliai	Großeltern
senẽlis	Großvater
senùtis	Opa
senẽlė	Großmutter
senùtė	Oma
vaikaĩ	Kinder
sūnùs	Sohn
duktė̃	Tochter
anū̃kai	Enkelkinder
anū̃kas	Enkelsohn
anū̃kė	Enkeltochter
dė̃dė	Onkel
tetà	Tante
brólis	Bruder
sesuõ	Schwester
pùsbrolis	Cousin
pùsseserė	Cousine

Namen

Vor der ersten Begegnung mit Litauern ist es ratsam, sich ein paar Kenntnisse über die Eigenarten litauischer Namen anzueignen, denn sie geben mitunter sogar Aufschluss über den Familienstand.

Recht leicht lassen sich männliche und weibliche **Vornamen** voneinander unterscheiden, wenn man im Auge behält, dass alles, was auf -s endet, männlich ist, während alles, was auf -a oder -e endet, weiblich ist.

Die **Familiennamen** sind nicht unveränderlich, sondern treten in mindestens drei Varianten auf: eine männliche und zwei weibliche. Den Männern wird es leicht gemacht, denn sie erfahren aus der Endung des weiblichen Familiennamens, ob eine Dame noch zu haben oder schon vergeben ist. So endet die weibliche Form für Mädchen und ledige Frauen auf -tė und für verheiratete auf -ienė. Die männliche Form erhält auch hier in den meisten Fällen als Endung -s.

Meint man die **Familie im Ganzen,** so bildet man die Mehrzahl der männlichen Form. Spricht man von einer litauischen Familie im Deutschen, bezieht man sich allerdings immer auf die männliche Variante. So gehören beispielweise zu den Petráuskai, d. h. zur Familie Petrauskas, die Tochter Aušrà Petrauskáitė, die Mutter Irèna Petrauskíenė und der Vater Jõnas Petráuskas.

Der erste Kontakt

Mit einem Smartphone können Sie sich die mit einem gekennzeichneten Sätze dieses Kapitels anhören. Scannen Sie einfach den QR-Code mit Hilfe einer kostenlosen App.

Was ist für einen Litauer wohl interessanter als Ausländer zu befragen, wie sie sich in das kleine Ostseeland „verirrt“ haben und woher sie kommen? Auf einen unsicheren Blick Ihrerseits wird meist blitzschnell reagiert.

Ar̃ Jùms padė́ti?
FW Euch-3 helfen
Kann ich Ihnen helfen?

Ãčiū, mielaĩ.
Danke, gern.

Iš kur̃ Jū̃s?
von wo Ihr
Woher kommen Sie?

iš Vokietìjos	aus Deutschland
iš Šveicãrijos	aus der Schweiz
iš Áustrijos	aus Österreich
iš Olándijos	aus den Niederlanden

Jū̃s geraĩ kal̃bate lietùviškai!
Ihr gut(Umst.) (ihr-)sprecht auf-Litauisch
Sie sprechen gut Litauisch!

Nè, tìk trùputį.
nein nur bisschen-4
Nein, nur ein bisschen.

Ar̃ Jū̃s kal̃bate vókiškai?
FW Ihr (ihr-)sprecht auf-Deutsch
Sprechen Sie Deutsch?

ángliškai	Englisch
prancūziškai	Französisch
rùsiškai	Russisch

Ką Jūs veĩkiate čià?
was Ihr (ihr-)macht hier
Was machen Sie hier?

Àš atostogáuju.
ich (ich-)urlaube
Ich mache Urlaub.

Grüßen & Abschied

Ebenso wie im Deutschen begrüßt man sich entsprechend der Tageszeit. Allerdings gibt es dabei mehrere grammatische Formen.

Lãbas rýtas! *(1.F.)*
Lãbą rýtą! *(4.F.)*
Guten Morgen!

Labà dienà! *(1.F.)*
Lãbą dìeną! *(4.F.)*
Guten Tag!

Lãbas vãkaras! *(1.F.)*
Lãbą vãkarą! *(4.F.)*
Guten Abend!

Labõs naktiẽs! *(2.Mz)*
Labãnaktis!
Labãnakt!
Gute Nacht!

Wer einen salopperen Ton bevorzugt, sagt kurz und bündig eines von den Folgenden:

Lãbas!
gut
Sei gegrüßt!

Sveĩkas!
gesund
Sei gegrüßt!

Da sich das Eigenschaftswort sveĩkas *(gesund)* auf den Angeredeten bezieht, verändern sich die Endungen je nach dessen Geschlecht (und Anzahl, falls es mehrere sind). Die gegrüßte Person steht dabei im Anredefall (7. Fall).

Sveĩkas, Pẽtrai!
gesund Petras-7
Grüß dich, Petras!

Sveikì, draugaĩ!
gesund Freunde-7
Grüßt euch, Freunde!

Sveikà, Irèna!
gesund Irena-7
Grüß dich, Irena!

Sveĩkos, mergáitės!
gesund Mädchen(Mz)-7
Grüßt euch, Mädchen!

Natürlich ist es angebracht, sich auch nach dem Befinden oder Neuigkeiten zu erkundigen.

Kaĩp laĩkotės?
wie (Ihr-)haltet-sich
Wie geht es Ihnen / euch?

Dė́kui, neblogaĩ.
danke nicht-schlecht
Danke, gut.

Sveikì atvỹkę!
gesund angekommen
Herzlich willkommen!

Kàs naũjo?
was neu-2
Was gibt's Neues?

Beim Abschied sagt man kurz:

Sudiẽ!	Leb wohl! Leben Sie wohl! (*von:* su dievù „mit Gott")
Ikì!	Bis bald!
Adé!	Tschüss! Mach's gut! (*vergl.* Adieu!, Ade!, *ausgesprochen:* „*Adää*")

Alle drei Abschiedsformeln sind neutral und sowohl gegenüber einer als auch mehreren Personen anwendbar. Ebenso neutral sind die folgenden Wendungen:

Ikì pasimãtymo!	Auf Wiedersehen!
Ikì rytójaus!	Bis morgen!
Lìk sveĩkas!	Bleib gesund!
Lìkite sveikì!	Bleibt / Bleiben Sie gesund!
Vìso gẽro!	Alles Gute!

Vor dem Schlafengehen:

Saldžių̃ sapnų̃!
süße-2 Träume-2
Schlaf gut und träum was Schönes!

Beim Verabschieden sollte man nicht vergessen, auch ein paar Grüße an die Eltern, Freunde, Kinder usw. zu übermitteln. Wer gegrüßt wird, steht im 3. Fall.

Nuoširdžiáusi linkė́jimai tėváms / vaikáms / žmõnai / výrui!
herzlichste Wünsche Eltern-3 / Kindern-3 /Frau-3 / Mann-3!
Herzliche Grüße an die Eltern / die Kinder /die Frau / den Mann!

Die ersten Gespräche

Des Litauers Höflichkeit und Freundlichkeit spiegelt sich schon bei der Vorstellung wider.

Vorstellung

põnas	Herr
ponià	Frau (Dame)
panẽlė	Fräulein

Léiskite Jùms pristatýti põną / pònią / panẽlę ... !
gestattet(-Ihr) Euch-3 vorstellen Herrn-4 / Frau-4 / Fräulein-4 ...
Gestatten Sie, dass ich Ihnen Herrn / Frau / Fräulein ... vorstelle!

Léiskite prisistatýti!
gestattet(-Ihr) vor-sich-stellen
Gestatten Sie, dass ich mich vorstelle!

Malonù susipažìnti.
angenehm mit-sich-kennen
Angenehm.

Susipažìnkite!
mit-sich-kennenlernt(-Ihr)
Machen Sie sich bekannt!

Taĩ yrà ponià / põnas ...
Das ist Frau / Herr ...

Kaĩp Jū́sų pavardė̃ / vařdas?
wie Euer Zuname / Vorname
Wie ist Ihr Name / Vorname?

Màno pavardė̃ / vařdas ...
mein Zuname / Name ...
Mein Name / Vorname ist ...

Kokià Jū́sų profèsija?
was-für-ein Euer Beruf
Was sind Sie von Beruf?

Àš (esù) ...
Ich bin ...

darbiniñkas (-ė)	Arbeiter(in)
valstiẽtis (-ė)	Bauer (Bäuerin)
tarnáutojas (-ja)	Angestellter (-e) Beamter (-in)
šeiminiñkė	Hausfrau
mókslininkas (-ė)	Wissenschaftler(in)
mènedžeris	Manager
žurnalìstas (-ė)	Journalist(in)
studeñtas (-ė)	Student(in)
mokinỹs (-ė̃)	Schüler(in)
gýdytojas (gýdytoja)	Arzt (Ärztin)
inžiniẽrius	Ingenieur

Bitten, Danken, Wünschen

Mit einem Smartphone können Sie sich die mit einem 🕪 gekennzeichneten Sätze dieses Kapitels anhören.

Drei Wörter helfen immer weiter, wenn man etwas auf dem Herzen hat:

Bitten

prãšom	**gãlima**	**norė́čiau**
	möglich	*(ich-)wollte*
bitte	man kann / darf	ich würde gern

Man setzt einfach das betreffende Verb in der Grundform dahinter und wird sofort eine Reaktion erhalten.

Prãšom pakartóti!
bitte VS-wiederholen
Bitte wiederholen Sie!

Prãšom sė́stis!
bitte setzen-sich
Bitte setzen Sie sich / setz dich!

Ar̃ gãlima įeĩti?
FW möglich ein-gehen
Darf man eintreten?

Ar̃ gãlima rūkýti?
FW möglich rauchen
Darf ich rauchen?

Norė́čiau pakalbė́ti su Jumìs.
(ich-)wollte VS-sprechen mit Euch-5
Ich würde gern kurz mit Ihnen sprechen.

Danken

Beide Formen für „danke" sind gleichermaßen im Gebrauch.

ãčiū / dė́kui	danke
dėkóti (-ja, -jo)	danken

Ãčiū už svetingùmą!
danke für Gastfreundschaft-4
Danke für die Gastfreundschaft!

Dėkui Jùms už kvietìmą!
danke Euch-3 für Einladung-4
Danke für Ihre Einladung!

Àš dėkóju táu už pagálbą!
ich (ich-)danke dir-3 für Hilfe-4
Ich danke dir für deine Hilfe!

Egal, ob man einfach „danke" sagt oder das Verb „danken" benutzt, immer muss beachtet werden, wem (3. Fall) und wofür (ùž = für + 4. Fall) man dankt.

Sich entschuldigen

Leitet man seine Fragen mit den folgenden Wendungen ein, wird man Ihnen augenblicklich Gehör schenken.

Atsiprašaũ	Entschuldigung!
Atléisk!	Verzeihe!
Atléiskite!	Verzeihen Sie!

Folgende Wendungen helfen aus der Patsche, wenn man sich für Unannehmlichkeiten entschuldigen muss:

Atsiprašaũ už pavėlãvimą!
(ich)-VS-sich-bitte für Verspätung-4
Entschuldigen Sie meine Verspätung!

Atléiskite mùms už trùkdymą!
verzeiht(-Ihr) uns-3 für Störung-4
Verzeihen Sie die Störung!

Wünschen

Niemand ist wunschlos glücklich! Nicht nur zu besonderen Anlässen, auch im ganz normalen Alltag können ein paar nette Wünsche kleine Wunder bewirken. Dazu benutzt man das Verb linkėti (liñki, -ėjo) *(wünschen)*. Was man wünscht, steht im Unterschied zum Deutschen im 2. Fall.

Àš linkiù táu / Jùms vìsa geriáusio!
Ich wünsche dir / Ihnen das Allerbeste!

sėkmė̃s *(2. F.)*	Erfolg
sveikãtos *(2. F.)*	Gesundheit
gerõs núotaikos *(2. F.)*	gute Laune
džiaũgsmo *(2. F.)*	Freude
láimės *(2. F.)*	Glück
laimìngos keliõnės *(2. F.)*	glückliche Reise

Und zu welchen Anlässen? Hier braucht man das Verhältniswort sù *(mit, zu)*, das den 5. Fall verlangt.

su gimtãdieniu	zum Geburtstag
su Kalė́domis	zu Weihnachten
su Naujaĩsiais mẽtais	zum Neuen Jahr
su vestùvėmis	zur Hochzeit
su vardãdieniu	zum Namenstag
su mótinos dienà	zum Muttertag

Unterwegs

Abgesehen von den immer wiederkehrenden Höflichkeitsfloskeln sind es die Fragewörter, die ständig abrufbereit sein müssen, wenn man unterwegs ist. Egal ob in der Stadt, auf dem Land oder an der See: Mit den Frageausdrücken kommt man schon recht weit.

Fragen unterwegs

Atsiprašaũ, prãšom pasakýti ...
(ich-)VS-sich-bitte bitte VS-sagen ...
Entschuldigen Sie, können Sie mir bitte sagen ... ?

Kur̃ yrà stotìs?
wo (er-)ist Bahnhof
Wo ist der Bahnhof?

Kaĩp nueĩti į viẽšbutį?
wie VS-gehen in Hotel-4
Wie kommt man zum Hotel?

Kaĩp tolì ikì teñ?
wie weit bis dort
Wie weit ist es bis dorthin?

senãmiestis	Altstadt
pilìs	Burg
pamiñklas	Denkmal
kãpinės	Friedhof

pãstatas	Gebäude
nãmas	Haus
kãtedra	Kathedrale
bažnýčia	Kirche
muziẽjus	Museum
naujãmiestis	Neustadt (Satellitenstadt)
rõtušė	Rathaus
miẽstas	Stadt
bókštas	Turm
apýlinkės	Umgebung

dešinė̃n	nach rechts	**dešìnejè**	rechts
kairė̃n	nach links	**kairejè**	links
teñ	dort	**čià**	hier
artì	nah	**tolì**	weit
tiẽsiai	geradeaus		

mit dem Bus

In den Städten verkehren autobùsas *(Omnibus) und* troleibùsas *(O-Bus). Fahrkarten für den Bus werden an Kiosken verkauft, im Bus selbst wird die Karte nur entwertet.*

Prãšom dúoti dẽšimt autobùso bìlietų!
bitte geben zehn Bus-2 Karten-2
Bitte geben Sie mir zehn Busfahrscheine!

Kur̃ yrà autobùsų stotẽlė?
wo (sie-)ist Busse-2 Haltestelle
Wo ist die Bushaltestelle?

Kuriuõ autobusù gãlima nuvažiúoti ikì ceñtro?
welcher-5 Bus-5 möglich VS-fahren bis Zentrum-2
Mit welchem Bus kommt man ins Zentrum?

Ar̃ šìtas troleibùsas važiúoja per senãmiestį?
FW dieser O-Bus (er-)fährt durch Altstadt-4?
Fährt dieser O-Bus durch die Altstadt?

Oft herrscht im Bus großes Gedränge, und man muss sich rechtzeitig auf das Aussteigen vorbereiten. Man wird dann häufig über die Schulter gefragt:

Ar̃ Jū̃s išlìpate?
FW Ihr (ihr-)aus-steigt
Steigen Sie aus?

Prãšom pasakýti, kadà mán išlìpti!
bitte VS-sagen wann mir-3 aus-steigen
Bitte sagen Sie mir, wann ich aussteigen muss!

mit dem Taxi

Neben dem normalen taksì gibt es auch das maršrùtinis taksì *(Linientaxi)*, Kleinbusse, die bestimmte Routen fahren, auf denen man überall zu- und aussteigen kann.

Kur̃?	**Ikì teãtro.**	**Ikì stotiẽs.**
	bis Theater-2	*bis Bahnhof-2*
Wohin?	Zum Theater.	Zum Bahnhof.

Ar̃ Jū̃s laĩsvas?	**Sustókite!**
FW Ihr frei	*anhaltet(-Ihr)*
Sind Sie frei?	Halten Sie an!

Paláukite čià!
VS-wartet(-Ihr) hier
Warten Sie hier!

Kíek mán reĩkia mokė́ti?
wie-viel mir-3 (es-)muss zahlen
Wie viel muss ich zahlen?

per Anhalter

In Litauen kann man auch trampen. Aber Vorsicht ist geboten, besonders wenn man allein ist! Übrigens ist es auch beim Trampen üblich, die Fahrt zu bezahlen.

Kur̃ važiúojate?
wo (Ihr-)fahrt
Wohin fahren Sie?

Ar̃ galiù įlìpti?
FW (ich-)darf ein-steigen
Darf ich einsteigen?

Àš nóriu išlìpti.
Ich will aussteigen.

mit Fernbus & Zug

Das Streckennetz der litauischen Eisenbahn ist nicht so gut ausgebaut, wie es die Litauer gern hätten. Züge verkehren nur zwischen größeren Städten. Kleinstädte und Dörfer sind nur mit Bussen erreichbar. Es ist durchaus üblich, dass Fernbusse auch Strecken von 300 km fahren. In manche Orte fahren sowohl Busse als auch Züge. Die Fahrtzeit unterscheidet sich nicht wesentlich.

Für den Bus werden die Fahrkarten entweder auf dem Busbahnhof verkauft (wenn der Bus in dem Ort eingesetzt wird) oder im Bus selbst (wenn man unterwegs zusteigt). Will man erfahren, ob man im Bus bezahlen muss, erkundigt man sich am besten, ob es sich um einen so genannten „durchfahrenden“ Bus handelt (der z. B. in Vilnius eingesetzt wird und in Palanga endet).

Ar̃ taĩ pravažiúojantis autobùsas?
FW das durch-fahrender Bus
Ist das ein Direktbus?

tvarkãraštis	Fahrplan
geležìnkelio stotìs	Bahnhof
autobùsų stotìs	Busbahnhof
platfòrma	Gleis
perònas	Bahnsteig
bìlietų kasà	Fahrkartenschalter
išankstìnė bìlietų pardavìmo kasà	Vorverkaufskasse
traukinỹs	Zug
vagònas	Wagen
vietà	Platz
vietãženklis	Platzkarte
klãsė	Klasse
bagãžo sáugojimo kãmera	Gepäck-aufbewahrung

Trìs antrõs klãsės bìlietus į Kaũną!
drei-4 zweite-2 Klasse-2 Fahrkarten-4 nach Kaunas-4
Drei Fahrkarten zweiter Klasse nach Kaunas!

Kadà autobùsas / traukinỹs bùs Palangojè?
wann Bus / Zug (er-)wird-sein Palanga-6
Wann kommt der Bus / Zug in Palanga an?

Kadà važiũos kìtas / paskutìnis autobùsas / traukinỹs?
wann (er-)wird-fahren nächster / letzter Bus / Zug
Wann fährt der nächste / letzte Bus / Zug?

Ar̃ mán reĩkia persė́sti?
FW mir-3 (es-)muss um-setzen
Muss ich umsteigen?

Kadà atvỹksta autobùsas / traukinỹs?
wann (er-)VS-fährt Bus / Zug
Wann kommt der Bus / Zug?

Iš kuriõs platfòrmos išvỹksta traukinỹs?
von welchem-2 Gleis-2 (er-)aus-fährt Zug
Von welchem Gleis fährt der Zug ab?

mit dem Schiff

laĩvas	kèltas	úostas
Schiff	Fähre	Hafen

Iš kur̃ mẽs išplaũksime?
von wo wir (wir-)werden-aus-schwimmen
Von wo fahren wir ab?

Kíek laĩko truñka kelionė̃?
wie-viel Zeit-2 (sie-)dauert Reise
Wie lange dauert die Fahrt?

mit dem Auto

Die internationalen Verkehrsregeln haben auch in Litauen ihre Gültigkeit. Auf Alkohol am Steuer sollte man unbedingt verzichten, wenn man keine Bekanntschaft mit der litauischen Polizei machen will.

Das offizielle Alkohollimit liegt bei 0,4 Promille.

gãtvė	Straße
kẽlias	Fahrbahn, Weg
autostradà	Autobahn
apvažiãvimas	Umleitung
sustojìmo aikštẽlė	Parkplatz
polìcija	Polizei

Tanken

Die meisten Tankstellen in Litauen haben Selbstbedienung. Häufig sind auch Tankshops und Snackbars angeschlossen.

degalìnė	Tankstelle
benzìnas	Benzin
kanìstras	Kanister
bãkas	Tank
destiliùotas vanduõ	destilliertes Wasser
dyzelìniai degalaĩ	Diesel
be švìno	bleifrei
tẽpalas	Motoröl
stãbdžio skỹstis	Bremsflüssigkeit
vanduõ	Wasser

Kur̃ artimiáusia degalìnė?
wo nächste Tankstelle
Wo ist die nächste Tankstelle?

Prãšom pìlną pripìlti!
bitte voll-4 VS-füllen
Bitte volltanken!

Dvìdešimt lìtrų į bãką ir̃ dẽšimt į kanìstrą!
zwanzig Liter-2 in Tank-4 und zehn in Kanister-4
20 l in den Tank und 10 l in den Kanister!

Panne

Pannen sind leider nie voraussehbar, auch für den, der meint, das Steuer perfekt zu beherrschen.

Màno automobìlis sugẽdo.
mein Auto (es-)ging-kaputt
Mein Auto ist kaputt.

Prãšom patem̃pti automobìlį.
bitte VS-ziehen Auto-4
Bitte schleppen Sie mich ab.

Kur̃ artimiáusias autoservìsas?
wo nächste Autowerkstatt
Wo ist die nächste Autowerkstatt?

Àš turiù pàts kẽletą atsargìnių dalių̃.
ich (ich-)habe selbst einige-4 ersetzende-2 Teile-2
Ich habe selbst einige Ersatzteile.

... sugẽdo.
... (es-)ging-kaputt
... ist defekt.

stárteris	Anlasser
akumuliãtorius	Batterie
stabdỹs	Bremse
elektrìnė įranga	Elektro-Anlage
sánkaba	Kupplung
generãtorius	Lichtmaschine
varìklis	Motor
žibiñtas	Scheinwerfer
padangà	Reifen
kãmera	Schlauch

Pakeĩskite žvãkes / tẽpalą!
VS-wechselt(-Ihr) Kerzen-4 / Öl-4
Wechseln Sie bitte die Zündkerzen / das Öl!

Kadà dárbas bùs atlìktas?
wann Arbeit (sie-)wird-sein fertig
Wann wird die Reparatur fertig sein?

Unfall

Àš pakliū́vau į avãriją.
ich (ich-)geriet in Unfall-4
Ich hatte einen Unfall.

Ar̃ Jū̃s sužeistì?
FW Ihr verletzt
Sind Sie verletzt?

Pakviẽskite polìciją / gýdytoją!
VS-ruft(-Ihr) Polizei-4 / Arzt-4
Rufen Sie die Polizei / Arzt!

Prãšom Jū́sų dokumentùs!
bitte Eure Dokumente-4
Ihre Personalien, bitte!

Unterkunft

Ausländische Gäste übernachten meist im Hotel oder bei ihren litauischen Bekannten. Privatunterkünfte an Touristen zu vermieten ist in Touristenzentren, z.B. an der Ostsee, aber auch in größeren Städten üblich.

Achtung: In Litauen zählt das Erdgeschoss bereits als erste Etage.

viẽšbutis	Hotel
kambarỹs	Zimmer
rãdijas	Radio
lìftas	Lift
televìzorius	Fernsehapparat
dùšas	Dusche
vonià	Bad
kam̃bario rãktas	Zimmerschlüssel
aũkštas	Etage
pìrmas aũkštas	Erdgeschoss

Ar̃ žìnote, kàs privačiaĩ išnúomoja kam̃barius?
FW (Ihr-)wisst wer privat (er-)vermietet Zimmer-4
Wissen Sie, wer Zimmer privat vermietet?

Ar̃ čià yrà viẽšbutis?
FW hier (es-)ist Hotel
Gibt es hier ein Hotel?

Ar̃ tùrite laisvų̃ kambarių̃?
FW (Ihr-)habt freie-2 Zimmer-2
Haben Sie Zimmer frei?

Mẽs ẽsame dù ãsmenys, nórime víeno kam̃bario.
wir sind zwei Personen (wir-)wollen ein-2 Zimmer-2
Wir sind zwei Personen und möchten ein Zimmer.

Kíek taĩ kainúoja už diẽną?
wie-viel das (es-)kostet für Tag-4
Wie viel kostet das pro Tag?

Ar̃ tùrite pigèsnį kam̃barį?
FW (Ihr-)habt billigeres-4 Zimmer-4
Haben Sie ein billigeres Zimmer?

Mán reĩkia dár ...
Ich brauche noch ...

príegalvio *(2. F.)*	Kissen
añtklodės *(2. F.)*	Decke
rañkšluosčių *(2. F.)*	Handtücher
tualètinio põpieriaus *(2. F.)*	Toilettenpapier

Riesenskulptur im Europa-Park (Vilnius)

Essen & Trinken

Wie macht man auf seinen knurrenden Magen am besten aufmerksam? Ganz neutral ist:

Àš nóriu válgyti / gérti.
ich will essen / trinken
Ich habe Hunger / Durst.

Kur̃ gãlima pusryčiáuti / pietáuti / vakarieniáuti?
wo möglich frühstücken / Mittagessen / zu-Abend-essen
Wo kann man Frühstück / Mittagessen / Abendbrot essen?

Für den schnellen Imbiss unterwegs existieren in Litauen:

bufètas / užkandìnė	Imbiss
valgyklà	Gaststätte *(meist mit Selbstbedienung)*

Für Kalorienbewusste (davon gibt es in Litauen allerdings weniger als in Westeuropa) nicht unbedingt zu empfehlen ist ein Café (kavìnė) oder eine Konditorei (cukraĩnė). Eltern und Großeltern führen ihre Kinder oder Enkel auch gern in Milchbars (píeno bãras) aus, wo es erfrischende Milchmixgetränke und Sahneeis mit Konfitüre (ledaĩ sù uogiẽne) gibt.

Der Besuch eines Weinkellers (vỹninė) oder einer Bierstube (alùdė) bzw. Bierbar (alaũs bãras) gehört wegen der dortigen intimen Atmosphäre unbedingt zu einem Litauenaufenthalt dazu. Frauen sollten allerdings einen männlichen Begleiter bei sich haben.

Übrigens essen die Litauer zum Bier gern Brot mit Knoblauch, geräucherten Fisch oder Schweinefleisch mit Erbsen.

dúona su česnakù	Brot mit Knoblauch
rūkýta žuvìs	geräucherter Fisch
kiaũlių kójos	Schweinefleisch *(vom Bein)*
su žìrniais	mit Erbsen

Was eine Kneipe (kneĩpė) und Schnaps (šnàpsas) ist, versteht im Übrigen jeder Litauer, auch wenn die Wörter in den offiziellen Wörterbüchern nicht zu finden sind.

Bringt man etwas mehr Zeit und Hunger mit, sollte man ein „echtes" Restaurant (restorãnas) besuchen. Dort stehen litauische Nationalgerichte auf der Speisekarte, und es wird, wie in einer Nachtbar (naktìnis bãras) auch, getanzt. Ansonsten unterscheiden sich die Restaurants nicht wesentlich von westeuropäischen Restaurants. Will man auf Nummer Sicher gehen, bestellt man vorher die gewünschten Plätze.

Prãšom rezervúoti dvì vietàs sekmãdieniui pìrmą vãlandą!
bitte reservieren zwei Plätze-4 Sonntag-3 erste-4 Stunde-4
Bitte reservieren Sie mir zwei Plätze für Sonntag 13 Uhr!

Ar̃ čià laĩsva?
FW hier frei
Ist hier frei?

Atsiprašaũ, gãlima meniù?
VS-sich-bitte möglich Speisekarte
Verzeihung, die Speisekarte bitte!

Ką paim̃sime?
was (wir-)VS-werden-nehmen
Was nehmen wir?

Àš imù ...
Ich nehme ...

Prãšom sąskaitą!
bitte Rechnung-4
Bitte zahlen!

Àš šian̄dien móku.
ich heute (ich-)zahle
Heute zahle ich.

Ein Trinkgeld, wörtlich „Teegeld" (arbãtpinigai), zu geben, ist nicht besonders verbreitet. Im Restaurant kann man die Stellen nach dem Komma aufrunden.

Be grąžõs!
ohne Rest-2
Stimmt so!

Speisen

pùsryčiai – Frühstück

marmelãdas	Marmelade
medùs	Honig
svíestas	Butter
vìrtas kiaušìnis	gekochtes Ei
kiaušiniẽnė	Rührei
varškė̃ sù grietìne	Quark mit Schmand

blynẽliai su marmeladù	Eierkuchen mit Marmelade
sumuštìnis	belegtes Brötchen
... su sū́riu	mit Käse
... su dešrà	mit Wurst

Was den litauischen Speiseplan angeht, so verlangt er von manchen eine gewisse Umstellung. Meist stehen schon morgens warme Speisen auf dem Plan.

piẽtūs – Mittagessen

Zum Mittagessen ist es natürlich jedem selbst überlassen, wie viel er zu sich nimmt. Auf jeden Fall werden – wie überall – verschiedene Gänge angeboten, an die sich aber keiner halten muss. Brot gehört zum warmen Essen immer dazu. Schwarzbrot (juodà dúona) ist in Litauen genauso beliebt wie Weißbrot (baltà dúona).

ùžkandis	Vorspeise
žuvìs drebùčiuose	Fischsülze
liežùvis su majonezú	Zunge mit Mayonnaise

sriubà – Suppe

mėsõs buljònas	Fleischbrühe
vištíenos buljònas	Hühnerbrühe
píeniška sriubà	Milchsuppe
šaltìbarščiai	kalte Suppe aus Roter Bete

karštì pãtiekalai – warme Speisen

cepelìnai / dìdžkukuliai	
Klöße in Zeppelinform, aus rohen und gekochten Kartoffeln, mit Hackfleischfüllung	
balandė̃liai	
Krautrouladen, meist mit Reis und Gehacktem gefüllt	
vė́darai	
Wurst mit Kartoffel- oder Graupenfüllung	
marinúota žuvìs	
marinierter Fisch	

desèrtas – Dessert

ledaĩ sù uogiẽne	Eis mit Konfitüre
tórtas	Torte
pyragáitis su kremù	Kuchen mit Cremefüllung
kompòtas	eher Saft als Kompott
vaĩsiai	Obst
pùdingas	Pudding
drebùčiai	Gelee

vakariẽnė – Abendessen

Auch am Abend werden meist warme Speisen wie zum Mittag gegessen.

kẽptos bùlvės su grỹbais	Bratkartoffeln mit Pilzen
bifštèksas	Beefsteak
vištíena	Hühnerfleisch

Und so schmeckt es:

saldùs	süß	**rūgštùs**	sauer
sūrùs	salzig	**beskõnis**	fade
aštrùs	scharf		

druskà	**pipìrai**	**garstỹčios**
Salz	Pfeffer	Senf

Was man sonst noch braucht:

bùtelis	Flasche
stìklinė	Glas
stiklẽlis	Gläschen
puodùkas	Tasse
servetẽlė	Serviette
lėkštė̃	Teller
peĩlis	Messer
šáukštas	Löffel
šakùtė	Gabel
taurẽlė	Schnaps-, Weinglas

Nun bleibt nur noch zu sagen:

Gẽro apetìto!
Guten Appetit!

Getränke

Ką gãlima atsigérti?
was-4 möglich VS-sich-trinken
Was kann man zu trinken bekommen?

limonãdas	Limonade
girà	Kwas (Brottrunk)
arbatà	Tee
kavà	Kaffee
alkohòlis	Alkohol
alùs	Bier
vỹnas	Wein
minerãlinis vanduõ	Mineralwasser
lìkeris	Likör
konjãkas	Kognak
degtìnė	Schnaps
šampãnas	Sekt
vìskis	Whisky
kokteĩlis	Cocktail

Sehr landestypisch ist girà*, ein dunkles, aus fermentiertem Brot hergestelltes Erfrischungsgetränk, das hierzulande eher unter seiner russischen Bezeichnung „Kwas" bekannt ist. Es wird sowohl als eher süßliches, praktisch alkoholfreies Industrieprodukt, als auch hausgemacht, mit einer etwas herb-würzigeren Geschmacksrichtung und geringem Alkoholgehalt verkauft. Oft kann man bei letzterem noch deutlich den Kümmel herausschmecken, der in Litauen als Brotgewürz beliebt ist.*

Will man aus dieser Palette etwas auswählen, sagt man einfach prãšom *(bitte)* und nennt das Getränk (wer es kann, im 2. Fall).

Prãšom šampãno / alaũs / vìskio / vỹno!
Bitte Sekt / Bier / Whisky / Wein!

Bei einer genaueren Mengenangabe gebraucht man die Maßeinheit im 4. und das Getränk im 2. Fall.

Prãšom puodùką kavõs!
bitte Tasse-4 Kaffee-2
Bitte eine Tasse Kaffee!

Prãšom dù bùtelius alaũs!
Bitte zwei Flaschen Bier!

Zu Gast sein

Wie in allen osteuropäischen Ländern wird auch in Litauen gern und ausgiebig gefeiert. Dabei ist es selbstverständlich, Gäste aus dem Ausland, auch wenn sie nur dienstlich dort weilen, auf ein Tässchen Tee oder sogar zu einer Familienfeier einzuladen.

Mit einem Smartphone können Sie sich die mit einem gekennzeichneten Sätze dieses Kapitels anhören.

Tólimas svẽčias visų̃ láukiamas.
ferner Gast aller-2 Erwarteter
Ein seltener Gast fällt nie zur Last.

Eines sollte man aber immer im Auge behalten: Nie unter Zeitdruck zu einer Feier gehen! Es kann schon mal passieren, dass man in Erwartung eines Mittagessens pünktlich um 12 Uhr erscheint und erst 16 Uhr serviert wird, um 22 Uhr das Abendessen folgt, und an die Nachtruhe gar nicht gedacht wird. Kondition ist also angesagt!

Prãšom mùs aplankýti!
bitte uns-4 VS-besuchen
Bitte besuchen Sie uns!

Ãčiū už kvietìmą!
danke für Einladung-4
Danke für die Einladung!

Besucht man Freunde, Bekannte oder Verwandte, nimmt man meist etwas Süßes, eine

Die Litauer selbst überraschen ihre ausländischen Gäste gern mit landestypischen und wertvollen Dingen, wie Bernstein- und Metallschmuck, Korb- und Lederwaren oder Keramik, und man könnte eventuell in Verlegenheit geraten, wenn man nicht an Gastgeschenke gedacht hat.

Torte oder ein paar Pralinen, für die Kinder etwas Spielzeug oder Obst, und für die Dame des Hauses einen Strauß Blumen mit. Aber all das ist keineswegs obligatorisch. Als Gast aus dem Ausland sollte man also vorsichtshalber ein paar Kleinigkeiten für diese Gelegenheiten im Gepäck haben. Der Phantasie sind dabei keine Grenzen gesetzt. Man freut sich über alles, besonders über Dinge, die „woanders“ produziert wurden.

Taĩ mažà dovanė̃lė Jùms!
das kleines Geschenkchen Euch-3
Das ist ein kleines Geschenk für Sie!

Labaĩ ãčiū už grãžią dóvaną!
sehr danke für schönes-4 Geschenk-4
Vielen Dank für das schöne Geschenk!

Noch kleiner als ein dovanė̃lė *(Geschenkchen)* sind die lauktùvės (Mitbringsel).

Ãčiū už lauktùves!
danke für Mitbringsel-4
Danke für die Geschenke!

Nėrà už ką̃!
nicht-ist für was-4
Keine Ursache!

zum Wohl!

Auch zu Zeiten schlimmster Versorgungsengpässe überraschten die Litauer ihre Gäste immer wieder mit leckeren Speisen und Getränken. Daran hat sich nichts verändert. Der Stolz jedes Hausherrn und jeder Hausfrau sind ihre selbst gebrannten Liköre und Schnäpse, die man unbedingt probieren muss.

Prašom paragáuti!
bitte probieren
Probieren Sie bitte!

Gérkite!
trinkt(-Ihr)
Trinken Sie!

Prašom vaišintis!
bitte bedienen-sich
Bitte bedienen Sie sich!

Es wird jedoch nie bei einer Sorte Schnaps bleiben. Speziell für den ausländischen Gast werden die Flaschen mit den unterschiedlichsten Etiketten geöffnet. Deshalb heißt es: Lieber nicht so schnell trinken, um noch einen klaren Kopf zu behalten.

Gál dár lìkerio, vỹno, arbãtos?
vielleicht noch Likör-2 Wein-2 Tee-2
Vielleicht noch etwas Likör, Wein oder Tee?

Àš nègeriu alkohòlinių gérimų.
ich (ich-)nicht-trinke alkoholische-2 Getränke-2
Ich trinke keinen Alkohol.

Nè, ãčiū.
Nein, danke.

In Litauen lässt sich jemand, der auf sich hält, auch gern mal ein Trinksprüchlein einfallen.

Į šeimininko sveikãtą!
auf Hausherrn-2 Gesundheit-4
Auf das Wohl des Hausherrn!

Į Jū́sų sveikãtą!
Auf Ihre Gesundheit!

Bū́k sveĩkas!
sei gesund
Prost! *(etwas salopper, unter guten Freunden)*

Lässt die Kondition nun langsam nach und man will die Segel streichen, dann verblüfft man den Gastgeber am besten mit perfektem Litauisch, und man wird Sie schmunzelnd gehen lassen, auch wenn man gern noch länger geplaudert hätte.

Ãčiū. Bùvo labaĩ skanù.
danke (es-)war sehr schmackhaft
Danke, es hat sehr gut geschmeckt.

Atsiprašaũ, àš labaĩ pavargaũ.
VS-sich-bitte ich sehr (ich-)ermüdete
Entschuldigen Sie mich bitte, ich bin sehr müde.

Kennt man den Gastgeber schon etwas länger und fühlt sich bei ihm wie zu Hause (das geht sehr schnell), dann sagt man:

Ãčiū, àš sóčiai prisiválgiau.
danke ich satt (ich-)VS-sich-aß
Danke, ich bin satt.

Ãčiū, àš iš tikrų̃jų sótus / sotusì.
danke ich aus wirklich-2 satt(m/w)
Danke, ich bin wirklich satt.

Einkaufen

Mittlerweile unterscheidet sich das Einkaufen in Litauen nur noch wenig von der Situation in Deutschland. Man findet noch – allerdings immer seltener – relativ bescheiden sortierte Dorfläden und ländliche Märkte, auf denen alte Leute ihre Rente aufbessern. Ansonsten dominieren Supermärkte und große Einkaufszentren „auf der grünen Wiese", die dann auch bis spät in die Nacht und sonntags geöffnet sind. Kleinere Einzelhandelsläden in den Fußgängerzonen sind in kleinen und mittleren Städten dagegen eher selten. Insofern gibt es sogar Ähnlichkeiten mit amerikanischen Einkaufsgewohnheiten!

parduotùvė	Laden
kráutuvė	Laden *(umgangssprachlich)*
skỹrius	Abteilung
universãlinė parduotùvė	Supermarkt, Kaufhaus
savìtarna	Selbstbedienung
kasà	Kasse
kvìtas	Kassenzettel, Quittung

Prãšom paródyti tą knỹgą!
bitte VS-zeigen dieses-4 Buch-4
Bitte zeigen Sie mir das Buch!

Kíek kainúoja tà knygà?
Wie viel kostet das Buch?

Was die einzelnen Geschäfte im Angebot haben, ist an der Bezeichnung des Ladens bzw. der Abteilung erkennbar.

knygýnas	Buchhandlung
žaislaĩ	Spielzeug
dailė̃	Kunstgewerbe
drabùžiai	Kleidung
baltiniaĩ	Wäsche
ãvalynė	Schuhe
galantèrija	Kurzwaren
parfumèrija	Kosmetik
ū́kinės prẽkės	Haushaltswaren

im Lebensmittelgeschäft

Lebensmittel (maĩsto prodùktai) bekommt man entweder in einem Supermarkt oder in kleineren Geschäften, die jeweils nur eine bestimmte Warenart wie Molkereiprodukte, Getränke oder Backwaren führen.

píeno prodùktai – Molkereiprodukte

svíestas	Butter
sū́ris	Käse
píenas	Milch
margarìnas	Margarine
grietìnė	saure Sahne, Schmand
grietinė̃lė	süße Sahne
kefỹras	Kefir
varškė̃	Quark
kiaušìnis	Ei

dúonos parduotùvė – Backwarenladen

dúona	Brot
pyrãgas	Kuchen
sausaĩniai	Gebäck, Kekse
vãfliai	Waffeln
saldaĩniai	Pralinen, Bonbons
tòrtas	Torte
bandẽlė	Brötchen
kèksas	Rührkuchen
šokolãdas	Schokolade

mėsõs parduotùvė – Fleisch- & Wurstladen

mėsà – dešrà	Fleisch – Wurst
taukaĩ	Speck
jáutiena	Rindfleisch
kiaulíena	Schweinefleisch
vištíena	Hühnerfleisch

daržóvių parduotùvė – Gemüseladen

agur̃kai	Gurken	vaĩsiai	Obst
pomidòrai	Tomaten	obuoliaĩ	Äpfel
bùlvės	Kartoffeln	kriáušės	Birnen

Maße & Verpackungseinheiten

lìtras	Liter
(kilo)grãmas	(Kilo-)Gramm
dežùtė	Schachtel, Büchse
bùtelis	Flasche
kẽpalas	Laib
gãbalas	Stück

auf dem Markt

Im Gegensatz zu den Geschäften mit ihren Festpreisen wird auf dem Markt gehandelt.

Kur̃ yrà tur̃gus?
wo (er-)ist Markt
Wo ist der Markt?

Kíek nórite?
wie-viel (Ihr-)wollt
Wie viel wollen Sie dafür haben?

Taĩ mán per̃ brangù.
das mir-3 zu teuer
Das ist mir zu teuer.

Atidúosite už ... ?
(Ihr-)VS-gebt für ...
Geben Sie es für ... ?

Souvenirs

Nach einem Andenken aus dem Ostseeland kann man sich auf dem Markt oder vielleicht in einer Buchhandlung, einem Plattenladen oder in einem Kunstgewerbeladen umsehen.

kompaktìne plokštẽlė	CD
liáudies daĩnos	Volkslieder
lietùviškos daĩnos	litauische Lieder
karõliai	Halskette
pāpuošalas	Schmuck
giñtaras	Bernstein
fotoalbùmas	Bildband
lėlẽ	Puppe

Paródykite mán lietùviškų dainų̃ plokštẽlę!
VS-zeigt(-Ihr) mir-3 litauische-2 Lieder-2 Schallplatte-4
Zeigen Sie mir die Platte (CD) mit den litauischen Liedern!

Manè dõmina gintarìnis pãpuošalas.
mich-4 (er-)interessiert bernsteinerner Schmuck
Mich interessiert Bernsteinschmuck.

Wohin am Abend?

Ist man nicht zufällig bei litauischen Freunden eingeladen, bieten Theater, Kino, Oper oder der Besuch eines Restaurants oder einer Diskothek ebenso genügend Abwechslung für jeden Geschmack.

kìno teãtras	Kino
òperos ir balèto teãtras	Opernhaus
koncèrtas	Konzert
balètas	Ballett
spektãklis	Theatervorstellung
kinoseánsas	Kinovorstellung
diskotèka	Diskothek

Mit einem Smartphone können Sie sich die mit einem gekennzeichneten Sätze dieses Kapitels anhören.

Kadà prasìdeda diskotèka?
wann (sie-)beginnt Diskothek
Wann beginnt die Diskothek?

Wohin am Abend?

Kadà baĩgiasi kinoseánsas?
wann (sie-)endet-sich Kinovorstellung
Wann ist das Kino zu Ende?

Die Theater in Vilnius und Kaunas sind sehr beliebt. Deshalb sind Karten, insbesondere für neue Theaterstücke, sehr gefragt, und es ist ratsam, Karten vorzubestellen.

Ar̃ yrà laisvų̃ viẽtų?
FW (es-)ist freie-2 Plätze-2
Haben Sie noch freie Plätze?

Es ist völlig normal, unmittelbar vor einer Vorstellung Personen anzusprechen, ob sie eventuell eine Karte loswerden wollen.

Ar̃ netùrite (atliẽkamo) bìlieto?
FW (Ihr-)nicht-habt (übrige-2) Karte-2
Haben Sie eine Karte (übrig)?

Karten für eine Diskothek bekommt man am Abend vor dem Einlass. Und wo, wenn nicht dort, schließt man die nettesten und interessantesten Bekanntschaften. Jugendliche sind gleich per du. Erwachsene ziehen das „Sie" vor, solange man sich noch nicht näher gekommen ist.

Ar̃ šóki?
FW (du-)tanzt
Tanzt du mit?

Oft reicht auch schon ein Kopfnicken und ...

Gãlima?
möglich
Wollen wir?

Die ältere Generation hält sich an den litauischen Knigge:

Gãlima Jùs pakviẽsti šókti?
möglich Euch-4 VS-einladen tanzen
Darf ich bitten?

Wer nicht zum Tanzen aufgelegt ist, kann sich gut aus der Affäre ziehen:

Àš nenóriu su tavim̀ šókti.
ich (ich-)nicht-will mit dir-5 tanzen
Ich will nicht mit dir tanzen.

Tuõj màno výras ateĩs.
gleich mein Mann (er-)VS-wird-wieder-gehen
Mein Mann kommt gleich.

Reicht dieser Wink immer noch nicht aus, muss man andere Töne anschlagen:

Palìk manè ramýbėje!
VS-lass mich-4 Ruhe-6
Lass mich in Ruhe!

Eĩk šaliñ!
geh weg
Scher dich fort!

Aber meist spielen sich freundlichere Szenen ab. Schließlich kommt es nicht alle Tage vor, Leute mit einem fremden Akzent zu treffen.

Ar̃ galiù tavé palydéti į namùs?
FW (ich-)kann dich-4 begleiten in Haus-4
Darf ich dich nach Hause begleiten?

Ar̃ galésime rytój pasimatýti?
FW (wir-)werden-können morgen VS-sich-sehen
Können wir uns morgen wiedersehen?

Tù mán labaĩ patinkì.
du mir-3 sehr gefällst
Du gefällst mir sehr.

Dúok mán sàvo ãdresą!
gib mir-3 deine Adresse-4
Gib mir deine Adresse!

Àš noréčiau su tavìm susirašinéti.
ich (ich-)wollte mit dir-5 mit-sich-schreiben
Ich möchte gern mit dir in Schriftkontakt bleiben.

Dünen auf der Kurischen Nehrung

An der See

Noch immer findet man an der Ostsee getrennte Strandabschnitte für Frauen und Männer, an denen Nacktbaden praktiziert wird. Der Frauenstrand ist mit dem Schild Móterų pliãžas gekennzeichnet, der Männerstrand als Výrų pliãžas. Allerdings sind die reinen Männerstrände schon länger im Schwinden begriffen. „Gemischte" Freikörperkultur ist also nicht erlaubt. Den überwiegenden Teil der Strände bilden aber die Textilstrände für Männer und Frauen (beñdras pliãžas).

Báltijos jū́ra	Ostsee
jū́ra	Meer
vanduõ	Wasser
maũdymosi kostiùmas	Badeanzug
glaũdės	Badehose
pliãžas	Strand
bangà	Welle
láipsnis	Grad
óras	Luft, Wetter

Kaĩp nueĩti į pliãžą?
wie VS-gehen in Strand-4
Wie kommt man zum Strand?

Kíek láipsnių šiañdien vanduõ?
wie-viel Grade-2 heute Wasser
Wie warm ist das Wasser heute?

Post, Telefon & Internet

Falls Sie auf der Post mehr als nur eine Ansichtskarte verschicken wollen, sollten Sie sich folgende Formulierungen einprägen.

Norė́čiau išsių̃sti siuntinį̃.
(ich-)wollte aus-schicken Paket-4
Ich möchte ein Paket abschicken.

pãštas	Postamt
pãšto žénklas	Briefmarke
siuntinỹs	Paket
atvirùkas	Post- / Ansichtskarte
registrúotas láiškas	Einschreiben
pérlaida	Überweisung
láiškas	Brief
vókas	Briefumschlag
banderòlė	Päckchen

Prãšom pãšto žénklą láiškui į Vokietìją / Áustriją / Šveicãriją!
bitte Post-2 Zeichen-4 Brief-3 in Deutschland-4 / Österreich-4 / Schweiz-4
Bitte eine Marke für einen Brief nach Deutschland / Österreich / in die Schweiz!

Paródykite Vìlniaus atvirùkų!
VS-zeigt(-Ihr) Vilnius-2 Karten-2
Zeigen Sie bitte die Ansichtskarten von Vilnius!

telefòno bū̃dėlė	Telefonzelle
taksofònas	Kartentelefon
ragẽlis	Hörer
pókalbis	Gespräch
telefòno nùmeris	Telefonnummer
telefòno aboneñtų knygà	Telefonbuch
kòdas	Vorwahlnummer
telefòno kortẽlė	Telefonkarte
mobilùsis telefònas	Mobiltelefon

Die Festnetzleitungen in Litauen sind gründlich modernisiert worden. Das Handy ist, wie praktisch überall auf der Welt, allgegenwärtig. Nun sind auch die Roaming-Gebühren innerhalb der EU abgeschafft worden. Dennoch lohnt sich eventuell noch immer der Kauf einer Prepaid-Karte von einem litauischen Anbieter.

Ein weiteres typisches Kommunikationsmedium des 21. Jahrhunderts sind Internet und E-Mail. Internetcafés sind in Litauen in touristischen Gegenden und größeren Städten häufig anzutreffen. Hier ist vielfach eine Verständigung auf Englisch möglich. Litauen hat aber auch eine gute Versorgung mit Hotspots für WLAN / WiFi.

kompiùteris	Computer
internètas	Internet
internèto kavìnė	Internetcafé
elektronìnis pa͂štas	E-Mail

Rund ums Geld

Seit 2015 ist auch in Litauen der Euro das offizielle Zahlungsmittel; vorher war dies seit der Unabhängigkeit des Landes der Litas. Somit entfällt für die meisten deutschsprachigen Reisenden der früher erforderliche Geldwechsel. Bargeld kann ohnehin aus dem Geldautomaten bezogen werden, was aber auch schon zu Zeiten des Litas möglich war. Ansonsten können ausländische Währungen auf der Bank (bánkas) oder in einer der verbliebenen Wechselstuben (valiùtos keitìmo pùnktas) getauscht werden.

Àš norė́čiau pakeĩsti ...
ich (ich-)wollte VS-tauschen ...
Ich möchte ... tauschen.

èuras	Euro
ceñtas	Cent
Šveicãrijos fránkas	Schweizer Franken
dóleris	Dollar
lìtas	Litas
keliõnės čèkiai	Reiseschecks
pinigaĩ	Geld
bankomãtas	Geldautomat
krèdito kortẽlė	Kreditkarte

Kóks dabař kùrsas?
was-für-ein jetzt Kurs
Wie steht der Kurs jetzt?

Krank sein

Lassen Sie sich im Krankheitsfall eine Quittung mit ausführlicher Diagnose für Ihre Krankenversicherung ausstellen.

Pakviẽskite greĩtai gýdytoją!
VS-ruft(-Ihr) schnell Arzt-4
Rufen Sie schnell einen Arzt!

Kur̃ yrà artimiáusia váistinė / ligóninė / poliklìnika?
wo (sie-)ist nächste Apotheke / Krankenhaus / Poliklinik?
Wo ist die nächste Apotheke / Krankenhaus / Poliklinik?

In einer Poliklinik betreuen Ärzte verschiedenster Fachrichtungen ihre Patienten ambulant.

Mán skaũda ...	*mir schmerzt*	Mir tut ... weh.
galvà	**gálvą**	Kopf
gerklė̃	**gérklę**	Hals
pil̃vas	**pil̃vą**	Bauch
širdìs	**šìrdį**	Herz
kója	**kóją**	Fuß, Bein
rankà	**rañką**	Hand, Arm
ausìs	**aũsį**	Ohr
dantìs	**dañtį**	Zahn
akìs	**àkį**	Auge
plaũčiai	**plaučiùs**	Lunge
krūtìnė	**krūtìnę**	Brust
skrañdis	**skrañdį**	Magen
kẽpenys	**kẽpenis**	Leber
lytiẽs òrganus	**lytiẽs òrganus**	Genitalien

Das Körperteil oder Organ, das einem weh tut, steht im Gegensatz zum Deutschen im 4. Fall (jeweils in der 2. Spalte der nebenstehenden Liste).

Mit einem Smartphone können Sie sich die mit einem 👂 gekennzeichneten Sätze dieses Kapitels anhören.

👂 **Mán blõga.**
mir-3 schlecht
Mir ist übel.

👂 **Àš viduriúoju.**
ich (ich-)habe-Durchfall
Ich habe Durchfall.

👂 **Àš labaĩ pérsišaldžiau.**
ich sehr (ich-)über-sich-kältete.
Ich habe mich sehr erkältet.

👂 **Àš turiù temperatū̃ros.**
Ich habe Temperatur.

Die Versorgung mit Medikamenten entspricht den westlichen Standards. Dennoch ist es immer empfehlenswert, unterwegs eine kleine Reiseapotheke mit sich zu führen.

vatà	Watte
lašaĩ	Tropfen
tablètės	Tabletten
tẽpalas	Salbe
váistai	Arznei
pléistras	Heftpflaster
tvárstis	Verband, Binde

👂 **Prãšom dúoti mán váistų nuõ slogõs / kósulio!**
bitte geben mir-3 Arznei-2 von Schnupfen-2 / Husten-2
Bitte geben Sie mir etwas gegen Schnupfen / Husten!

👂 **Trìskart per dìeną po víeną tablètę.**
dreimal über Tag-4 je eine-4 Tablette-4
Dreimal täglich eine Tablette.

Fotografieren

Litauer lassen sich genauso gern oder ungern fotografieren wie man selbst. Eine höfliche Frage ist deshalb immer angebracht:

Ar̃ gãlima Jùs nufotografúoti?
FW möglich Euch-4 VS-fotografieren
Darf ich Sie fotografieren?

Prãšom išrýškinti fìlmą ir padarýti núotraukas!
bitte entwickeln Film-4 und VS-machen Abzüge-4
Bitte den Film entwickeln und Abzüge machen!

spalvótas fìlmas	Farbfilm
diafìlmas	Dia-Film
skaitmenìnė fotogrãfija	Digitalfoto
atmintiẽs kortẽlė	Speicherchip

Manchmal ist man auch auf die Hilfe anderer angewiesen;

Prãšom manè / mùs nufotografúoti!
bitte mich-4 / uns-4 VS-fotografieren
Fotografieren Sie mich / uns bitte!

Toilette

Hat man ein bestimmtes Bedürfnis, achte man vor allem auf zwei Buchstaben: M (móterims = *für Frauen*) und V (výrams = *für Männer*). Für „Toilette" gibt es zwei Bezeichnungen: tualètas und ìšvietė. Wenn man die Wahl hat, sollte man eine mókamas tualètas aufsuchen. Dort ist zu bezahlen, dafür ist sie voraussichtlich relativ sauber.

Àš nóriu į tualètą.
ich (ich-)will in Toilette-4
Ich muss mal auf Toilette.

tualètinis põpierius	Toilettenpapier

Atléiskite, kur̃ yrà artimiáusias tualètas?
verzeiht(-Ihr) wo (sie-)ist nächste Toilette
Verzeihen Sie, wo ist hier eine Toilette?

Wandern auf der Kurischen Nehrung

Redewendungen

In jeder Sprache gibt es Floskeln, die man nicht aus der eigenen Sprache übersetzen kann und einfach auswendig kennen muss.

Nẽ už ką̃!
nicht für was-4
Um keinen Preis!

Nėrà už ką̃!
(es-)nicht-ist für was-4
Keine Ursache!

Gẽro vė́jo!
guter-2 Wind-2
Hals- und Beinbruch!

Be niẽkur niẽko!
ohne nirgendwo nichts-2
Aus Nichts wird Nichts!

Ãčiū diẽvui!
danke Gott-3
Gott sei Dank!

Diẽve màno!
Gott-7 mein
Mein Gott!

Pùsė bėdõs!
Hälfte Kummer-2
Halb so schlimm!

Be juokų̃!
ohne Scherz-2
Im Ernst!

Juokaĩs!
Scherze-5
Im Spaß!

Čià dabar̃!
hier jetzt
Da hast du es!

Nichts verstanden?

Es besteht kein Zweifel: Am besten lernt man eine Sprache unterwegs, im alltäglichen Gebrauch auf Reisen durch das Land.

Ar̃ Jū̃s manè suprañtate?
FW Ihr mich-4 (Ihr-)versteht
Verstehen Sie mich?

Àš nesuprataũ.
ich (ich-)nicht-verstand
Ich habe nicht verstanden.

Àš supratau vìską.
ich (ich-)verstand alles-4
Ich habe alles verstanden.

Leider tritt der Idealfall selten ein. Meist muss man nachhaken:

Prãšom pakartóti!
bitte VS-wiederholen
Wiederholen Sie bitte!

Prãšom kalbė́ti lėčiaũ!
bitte sprechen langsamer
Sprechen Sie bitte langsamer!

Prãšom taĩ užrašýti!
bitte das VS-schreiben
Schreiben Sie das bitte auf!

Ką̃ réiškia šìtas žõdis?
Was bedeutet dieses Wort?

Kaĩp tar̃ti / rašýti žõdį?
wie aussprechen / schreiben Wort-4
Wie spricht / schreibt man das Wort?

Ar̃ màno tarìmas taisyklìngas?
FW meine Aussprache richtig?
Ist meine Aussprache richtig?

Kaĩp lietùviškai / vókiškai ... ?
wie auf-Litauisch / auf-Deutsch ...
Was heißt ... auf Litauisch / Deutsch?

Hinweisschilder

Dė̃mesio!	Achtung!
Pìktas šuõ!	Bissiger Hund!
Stók!	Halt!
Stùmti!	Drücken!
Įėjìmas	Eingang
Draũdžiama!	Verboten!
Atsargiaĩ!	Vorsicht!
Nuodaĩ!	Gift!
Neveĩkia!	Außer Betrieb!
Tráukti!	Ziehen!
Išėjìmas	Ausgang
Atdarýta!	Offen!
Uždarýta!	Geschlossen!
Pietų̃ pértrauka	Mittagspause
Atsargìnis stabdỹs	Notbremse
Pavojìnga gyvýbei!	Lebensgefahr!
Nerūkýti!	Rauchen verboten!
Neliẽsti!	Nicht berühren!

Schimpfwörter

Es gibt zweifellos Völker, die häufiger Schimpfwörter gebrauchen als die Litauer. Aber wer interessiert sich nicht auch für diesen Teil des Wortschatzes, wenn man eine Sprache lernt?

Kein Schimpfwort, aber sehr verbreitet, wenn ein Litauer seine Empörung über etwas äußern will, ist:

Kokià nesąmonė!
was-für-ein nicht-Sinn
Welch ein Unsinn!

Wenn sich ein Litauer erbost an jemanden wendet, kann man hören:

Eĩk po velnių̃!
geh zu Teufeln-2
Scher dich zum Teufel!

Für die Männer:		Für die Frauen:	
mė́šlas	Arschloch	**rùpūžė**	Kröte
kvailỹs	Dummkopf	**mer̃gšė**	Flittchen
bukagãlvis	Blödian		

Literaturhinweise

Lehr- und Wörterbücher zur litauischen Sprache sind immer noch rar und meist nur in Bibliotheken erhältlich. Ein großer Nachteil vieler Bücher ist, dass sie in den meisten Fällen für Litauer geschrieben wurden und keine Angaben zur Betonung enthalten.

Die hier genannten Bücher / Schriften sind nicht über den Reise Know How Verlag erhältlich.

▶Ein **Lehrbuch der litauischen Sprache** von D. Augustaitis, 1978, das viel Grammatik enthält, sowie das **Litauisch-deutsche Wörterbuch** von K. Fulst, A. Scholz u. a. (basierend auf Wörterbüchern von 1943/47) in Taschenbuchformat ist über die Litauische Volksgemeinschaft in Deutschland e.V., 68623 Lampertheim-Hüttenfeld beziehbar.

Folgende Bücher bekommt man mit etwas Glück direkt in Litauen oder per Internet:

▶**Lietùvių kalbà pradedantíesiems. Litauisch für Anfänger** von S. Pischel, Vilnius 1998. Ein echtes Anfängerlehrbuch in deutscher Sprache. Sehr zu empfehlen!

▶**Modern Lithuanian** von A. Paulauskienė und L. Valeika, Vilnius 1994. Ein Lehrbuch für ausländische Studenten mit 21 Lektionen – Phonetik, Grammatik, Lesetexte, Begleitkassette, Erläuterungen in englischer Sprache. Etwas trocken; Lernende sollten schon über Grundkenntnisse verfügen.

▶**Po truputį** von M. Ramonienė und L. Vilkienė, Vilnius 2008. Ein modernes, einigermaßen kommunikationsorientiertes Lehrbuch mit einer Audio-CD. Bebildert und optisch zeitgemäß. Allerdings nur mit litauischen Erklärungen und Anleitungen, daher eher für den Klassenraum konzipiert.

▶**Litauisch intensiv!** von L. Baldauf, Hamburg 1992 (Bibliotheca baltica). Gut konzipierter deutschsprachiger Intensivkurs, aus Universitätsmaterialien zusammengestellt. Leider momentan vergriffen.

▶Ein gutes Wörterbuch, das auch die Betonungszeichen enthält, ist das **Vókiečių-lietùvių lietùvių-vókiečių kalbų̃ žodýnas** (Deutsch-Litauisches / Litauisch-Deutsches Wörterbuch) von J. Križinauskas, Vilnius 1999 (3. Auflage). Dieses Buch ist auch schon in deutschen Buchläden gesichtet worden.

▶**Vókiečių-lietùvių kalbų̃ žodýnas** (Deutsch-Litauisches Wörterbuch) von D. Šlapoberskis, Vilnius 1972 (2. Aufl.). 60.000 Stichwörter.

▶**Trum̃pas vókiečių-lietùvių ir lietùvių-vókiečių kalbų̃ žodýnas** (Kurzes deutsch-litauisches und litauisch-deutsches Wörterbuch) von A. Kareckaitė, H. Kazlauskaitė und V. Kazlauskaitė, Kaunas 1991 (5. Aufl.). Handliches Schulwörterbuch für litauische Schüler, deshalb ohne Betonungszeichen. In Litauen billig erhältlich.

Wer noch tiefer in die litauische Grammatik eindringen möchte, dem seien die folgenden Titel empfohlen:

▶**Handbuch der litauischen Sprache** von A. Senn, Heidelberg 1966. Band 1: Grammatik, Band 2: Lesebuch und Glossar.

▶**Grammatikübungsbuch Litauisch** von A. Baravykaitė, Hamburg 2012 (Buske-Verlag). Neuerscheinung aus Deutschland, daher problemlos im Buchhandel erhältlich. Hauptsächlich für Fortgeschrittene.

▶**Lithuanian Grammar** von V. Ambrazas, Vilnius 1997. Englische Übersetzung der akademischen Standardgrammatik. Das Nonplusultra für Experten, aber extrem teuer.

Wer sich nicht allein durch den Bücherdschungel kämpfen will, dem rate ich, an einem Litauischkurs an der Universität Vilnius teilzunehmen. Die Philologische Fakultät bietet jedes Jahr im Sommer und Winter Sprachkurse für Anfänger und Fortgeschrittene an.

Wer Interesse hat, wende sich an folgende Adresse:

Vilniaus universitetas, Filologijos fakultetas
Vilnius, Universiteto gatvė 3.

Holzskulptur auf der Kurischen Nehrung

Wörterliste Deutsch – Litauisch

Glockenturm in Vilnius

Die Wörterlisten enthalten einen Grundwortschatz von ca. 1000 Wörtern. Vokabular, das man in den einzelnen Kapiteln nachschlagen kann, ist hier nicht immer aufgeführt. Um die Zuordnung zu den Beugungsklassen zu erleichtern, habe ich hinter alle **Hauptwörter** *die Endung im 2. Fall Einzahl gesetzt. Hinter den* **Tätigkeitswörtern** *stehen – wie allgemein üblich – die Endungen der 3. Person in der Gegenwart und einmaligen Vergangenheit, bzw. bei unregelmäßigen Verben die volle gebeugte Form in diesen Zeiten. Erfordert ein Tätigkeitswort einen anderen Fall als im Deutschen, wurde dies mit Ziffern vermerkt. Letzteres gilt auch für* **Verhältniswörter.**

Bei der **alphabetischen Sortierung** *der Wörter im Litauischen ist zu beachten, dass alle Selbstlaute der gleichen Gruppe (z. B.* i, į *und* y*) wie die Grundform (hier:* i*) eingeordnet sind.*

A

Abend vãkaras (-o); **zu A. essen** vakarieniáuti (-auja, -avo)
abends vakaraĩs
aber õ, bèt
abschicken išsių̃sti (išsiuñčia, ìšsiuntė)
abschleppen patem̃pti (-ia, -ė)
Abteilung skỹrius (-iaus)
Adresse ãdresas (-o)
Alkohol alkohòlis (-io)
als (Vgl.) negù
alt sẽnas
Altstadt senãmiestis (-čio)
an priẽ (+ 2)
angeln meškerióti (-ja, -jo)
angenehm malonùs
Angestellter tarnáutojas (-o)
anhalten sustóti (-ja, -jo)
ankommen ateĩti (ateĩna, atẽjo), atvažiúoti (-uoja, -avo)
annehmen priim̃ti (prìima, prìėmė)
anrufen skam̃binti (-a, -o) (+3)
anstatt užtàt
Antwort atsãkymas (-o)
antworten atsakýti (-o, -e)
Apfel obuolỹs (-io)
Apotheke váistinė (-ės)
Appetit apetìtas (-o)
April balañdis (-džio)
Arbeit dárbas (-o)
arbeiten dìrbti (-a, -o)
Arbeiter darbiniñkas (-o)
Arm rankà (-os)
Arznei váistai (-ų)
Arzt gýdytojas (-jo)

Wörterliste Deutsch – Litauisch

Aschenbecher peleninė (-ės)
auch ir̃gi
auf ant̃ (+2)
auffüllen pripìlti (-a, -ylė)
aufgeben padúoti (-da, pàdavė)
aufschreiben užrašýti (-o, -ė)
Aufschrift ùžrašas (-o)
Auge akìs (-ies, *w*)
August rugpjū́tis (-čio)
aus ìš (+2), nuõ (+2)
Ausgang išėjìmas (-o)
Ausland ùžsienis (-io)
ausländisch užsieniẽtiškas
aussehen atródyti (-o, -ė)
außerdem betõ
Aussicht vaĩzdas (-o)
Aussprache tarìmas (-o)
aussteigen išlìpti (-a, -o)
Ausstellung parodà (-os)
Auto automobìlis (-io)
Autobahn autostradà (-os)
Autowerkstatt autoservìsas (-o)

B

Bad vonià (-ios)
Badeanzug maúdymosi kostiùmas (-o)
Badehose glaũdės (-džių)
baden máudytis (-osi, -ėsi)
Bahnhof stotìs (-ies, *w*)
Bahnsteig perònas (-o)
bald netrùkus
Bank bánkas (-o)
Bar bãras (-o)
Bart barzdà (-os)
Bauch pil̃vas (-o)
bauen statýti (-o, -ė)
Bauer valstiẽtis (-čio)
Baum mẽdis (-džio)
Beamter tarnáutojas (-o)
bedienen, sich vaišìntis (-asi, -osi)
beenden baĩgtis (-iasi, -ėsi)
beginnen prasidė́ti (-deda, -jo)
begleiten palydė́ti (-i, -ėjo)
Bein kója (-os)
Beispiel: zum B. pãvyzdžiui
bekannt machen, sich susipažìnti (-žį́sta, -žìno)
bekommen gáuti (gáuna, gãvo)
Benzin degalaĩ (-ų), benzìnas (-o)
Berg kálnas (-o)
Bernstein giñtaras (-o)
Beruf profèsija (-os)
besichtigen apžiūrė́ti (-i, -ėjo)
besonders ýpač
bestellen užsakýti (-o, -ė)
besuchen aplankýti (-o, -ė)
Bett lóva (-os)
Bettdecke añtklodė (-ės)
Bettlaken paklõdė (-ės)
Bettwäsche pãtalynė (-ės)
Beutel krepšỹs (-io)
bezahlen mokė́ti (-a, -ėjo)
Bibliothek bibliotekà (-os)
Biene bìtė (-ės)
Bier alùs (-aus)
Bierstube alùdė (-ės)
billig pigùs
Binde tvárstis (-čio)
Birne kriáušė (-ės)
bis ikì (+2)
bisschen: ein b. trùputį
bitten prašýti (-o, -ė) (+2)
blau mė́lynas
Blei švìnas (-o)

Bleistift pieštùkas (-o)
Blitz žaĩbas (-o)
Blume gėlė̃ (-ės)
Bluse palaidinùkė (-ės)
Blut kraũjas (-o)
Bonbons saldaĩniai (-ių)
böse pìktas
Botschaft ambasadà (-os)
braun rùdas
Bremse stabdỹs (-džio)
Brief láiškas (-o)
Brieftasche piniginė (-ės)
Briefumschlag vókas (-o)
Brille akiniaĩ (-ių)
Brot dúona (-os)
Brötchen bandẽlė (-ės)
Brücke tìltas (-o)
Bruder brólis (-io)
Brust krūtìnė (-ės)
Buch knygà (-os)
Buchhandlung knygýnas (-o)
bunt márgas
Burg pilìs (-ies, *w*)
Bus autobùsas (-o)
Butter svíestas (-o)

C

Café kavìnė (-ės)
Computer kompiùteris (-io)
Cousin pùsbrolis (-io)
Cousine pùsseserė (-ės)

D

Dame ponià (-ios)
danken dėkóti (-ja, -jo)
dass kàd
dauern trùkti (truñka, trùko)
denken galvóti (-ja, -jo)
Denkmal pamiñklas (-o)
dennoch tačiaũ
deshalb dėltõ
Deutsch (auf) vókiškai
Deutscher vókietis (-čio)
Deutschland Vokietìja (-os)
Dezember grúodis (-džio)
Dienstag antrãdienis (-io)
dieser tàs, šìtas
Donnerstag ketvirtãdienis (-io)
Dorf káimas (-o)
dort(hin) teñ
dunkel tamsùs
durch põ (+2), peȓ (+4)
dürfen galéti (-i, -ėjo)
Durst troškulỹs (-io)
Dusche dùšas (-o)

E

Ecke kam̃pas (-o)
Ehefrau žmonà (-os)
Ehemann výras (-o)
Ei kiaušìnis (-io)
Eingang įėjìmas (-o)
einladen kviẽsti (kviẽčia, kviẽtė)
Einladung kvietìmas (-o)
einsteigen įlìpti (-a, -o)
eintreten įeĩti (įeĩna, įė̃jo)
Eis lẽdas (-o); **(Speise-)** ledaĩ (-ų)
Eisen geležìs (-ies)
Eisenbahn geležìnkelis (-io)
elektrisch elektrìnis
Eltern tėvaĩ (-ų)
empfehlen rekomendúoti (-uoja, -avo)
Ende gãlas (-o)
endgültig galutinaĩ
Englisch (auf) ángliškai
Enkel anū̃kas (-o)
Enkelin anū̃kė (-ės)
entschuldigen, sich atsiprašýti (-o, -ė)
Erdbeere brãškė (-ės)
Erde žẽmė (-ės)
Erfolg sėkmė̃ (-ės)
erholen, sich atostogáuti (-auja, -avo)
ermüden pavar̃gti (-sta, -o)
essen válgyti (-o, -ė)
Essig ãctas (-o)

Etage aũkštas (-o)
etwa (zirka) apiẽ (+4)
Euro èuras (-o)

F

Fabrik fãbrikas (-o)
fade beskõnis
Fähre keltùvas (-o)
fahren važiúoti (-uoja, -avo)
Fahrplan tvarkãraštis (-čio)
Fahrrad dvìratis (-čio)
fallen krìsti (krifita, krìto)
Familie šeimà (-os)
Farbe spalvà (-os)
fast bevéik
Februar vasãris (-io)
fehlen trũkti (-sta, -o) (+2)
Feiertag šveñtė (-ės)
Fenster lángas (-o)
fern tólimas
Fernsehapparat televìzorius (-iaus)
fertig atlìktas
Feuer ugnìs (-ies, *w*)
Film fìlmas (-o)
finden ràsti (rañda, rãdo)
Fisch žuvìs (-ies, *w*)
Flasche bùtelis (-io)
Fleisch mėsà (-os)
fliegen skrìsti (skreñda, skrìdo)
Flughafen aeroúostas (-o)
Flugzeug lėktùvas (-o)
Fluss ùpė (-ės)
Flüssigkeit skỹstis (-čio)
Fotoapparat fotoaparãtas (-o)
Fotografie núotrauka (-os)
fotografieren fotografúoti (-uoja, -avo)
Frage kláusimas (-o)
fragen kláusti (-ia, -ė) (+2)
Französisch (auf) prancūziškai
Frau móteris (móters)
Fräulein panẽlė (-ės)
frei laĩsvas
Freitag penktãdienis (-io)
Freude džiaũgsmas (-o)
freuen, sich džiaũgtis (-iasi, -ėsi)
Freund draũgas (-o)
Freundin draũgė (-ės)
Friedhof kãpinės (-ių)
Friseur kirpė́jas (-o)
früh ankstì
Frühling pavãsaris (-io)
Frühstück pùsryčiai (-ių)
frühstücken pusryčiáuti (-auja, -avo)
für ùž (+4)
fürchten, sich bijóti (-o, -ojo) (+2)
Fuß kója (-os)
Fußball fùtbolas (-o)

G

Gabel šakùtė (-ės)
ganz visái
Garten sõdas (-o)
Gast svẽčias (-io)
Gastfreundschaft svetingùmas (-o)
Gastgeber šeiminiñkas (-o)
Gasthof ùžeiga (-os)
Gaststätte valgyklà (-os)
Gebäck sausaĩniai (-ių)
Gebäude pãstatas (-o)
geben dúoti (dúoda, dãvė)
Geburtstag gimtãdienis (-io)
gefallen patìkti (patiñka, patìko)
gegen(über) priẽš (+4)
gehen eĩti (eĩna, ẽjo)
gekocht vìrtas
gelb geltónas
Geld pinigaĩ (-ų)
gelingen sèktis (-asi, -ėsi)

Gemälde pavéikslas (-o)
Gemüse daržóvės (-ių)
genug ganà
geradeaus tiẽsiai
geraten pakliū́ti (-iūva, -iūvo)
gern mielaĩ
Geschäft parduotùvė (-ės)
Geschenk dovanà (-os)
Geschlecht lytìs (-ies, *w*)
geschlossen ùždaras
Gesicht véidas (-o)
Gespräch pasikalbė́jimas (-o)
gestern vãkar
gesund sveĩkas
Gesundheit sveikatà (-os)
Getränk gė́rimas (-o)
Gewitter perkū́nija (-os)
Gewürz príeskoniai (-ių)
Glas (Material) stìklas (-o);
(Trink-) stiklìnė (-ės)
gleich (sofort) tuojaũ
Gleis platfòrma (-os)
Glück láimė (-ės)
golden auksìnis
Gott diẽvas (-o)
Grad láipsnis (-io)
Gramm grãmas (-o)
grau pìlkas
groß dìdelis
Großmutter senẽlė (-ės)
Großvater senẽlis (-io)
grün žãlias
grüßen, sich svéikintis (-asi, -osi)
Gurke agur̃kas (-o)
Gürtel dir̃žas (-o)
gut gẽras, lãbas

H

Haar plaukaĩ (-ų)
haben turė́ti (-i, -ėjo)
Hafen úostas (-o)
Hagel krušà (-os)
Hälfte pùsė (-ės)
Hals gerklẽ (-ės)
Halskette karõliai (-ių)
Haltestelle stotẽlė (-ės)
Hand rankà (-os)
Handtasche rankinùkas (-o)
Handtuch rañkšluostis (-čio)
Hauptstadt sóstinė (-ės)
Haus nãmas (-o)
Hausfrau šeiminiñkė (-ės)
Haut óda (-os)
Heftpflaster pléistras (-o)
heiß kárštas
helfen padė́ti (pàdeda, -jo)
hell šviesùs
hellblau žýdras
Hemd marškiniaĩ (-ių)
Herbst ruduõ (-ens)
Herr põnas (-o)
Herz širdìs (-ies, *w*)
heute šiañdien
hier čià
Hilfe pagálba (-os)
Himbeere aviẽtė (-ės)
Himmel dangùs (-aus)
hinter ùž (+2)
hinterlassen palìkti (paliẽka, palìko)
hoch áukštas
Hochzeit vestùvės (-ių)
hoffen tikė́tis (-isi, -ėjosi)
Holz mẽdis (-džio)
Honig medùs (-aus)
hören klausýtis (-osi, -ėsi) (+2)
Hose kélnės (-ių)
Hotel viẽšbutis (-čio)
Huhn vištà (-os)
Hühnerfleisch vištíena (-os)
Hund šuõ (šuñs)
Hunger al̃kis (-io)
Husten kosulỹs (-io)

I

illegal nelegalùs
Imbissstube bufètas (-o), užkandìnė (-ės)
immer visadà

in į (+4)
Ingenieur inžiniẽrius (-iaus)
Insel salà (-os)
interessant įdomùs
interessieren dõminti (-a, -o); **sich i.** domẽtis (-isi, -ėjosi) (+5)

J

ja taĩp
Jacke striùkė
Jahr mẽtai (-ų)
jährlich kasmẽt
Januar saũsis (-io)
jener anàs
jetzt dabar̃
Journalist žurnalìstas (-o)
Juli líepa (-os)
jung jáunas
Junge berniùkas (-o)
Juni biržẽlis (-io)

K

Kaffee kavà (-os)
Kakao kakavà (-os)
kalt šáltas
Kamm šùkos (-ų)
Kanister kanìstras (-o)
kaputtgehen sugèsti (-enda, -edo)
Karte bìlietas (-o)
Kartoffel bùlvė (-ės)
Käse sū́ris (-io)
Kasse kasà (-os)
Katze katė̃ (-ės)
kaufen pir̃kti (per̃ka, pir̃ko)
Kellner padavė́jas (-o)
kennen pažìnti (pažį́sta, pažìno)
Kerze žvãkė (-ės)
Kind vaĩkas (-o)
Kino kìnas (-o)
Kirche bažnýčia (-ios)
Kirsche vyšnià (-ios)
Kissen príegalvis (-io)
klar áiškus
Klasse klãsė (-ės)
Kleid suknẽlė (-ės)
Kleidung drabùžiai (-ių)
klein mãžas
Knoblauch česnãkas (-o)
Knochen káulas (-o)
Knopf sagà (-os)
Koffer lagamìnas (-o)
Kohl kopū̃stas (-o)
Kollege kolegà (-os)
Kollegin kolègė (-ės)
Konditorei cukraĩnė (-ės)
Konfitüre uogiẽnė (-ės)
können galė́ti (-i, -ėjo), mokė́ti (-a, -ėjo)
kontrollieren kontroliúoti (-iuoja, -iavo)
Konzert koncèrtas (-o)
Kopf galvà (-os)
Korb krepšỹs (-io)
kosten kainúoti (-uoja, -avo); **(probieren)** paragáuti (-auja, -avo)
Krankenhaus ligóninė (-ės)
Krankheit ligà (-os)
Küche virtùvė (-ės)
Kuchen pyragáitis (-čio)
Kuh kárvė (-ės)
Kühlschrank šaldytùvas (-o)
Kunst dailė̃ (-ės)
Kurs kùrsas (-o)
kurz trum̃pas
kürzlich neseniaĩ
Kurzwaren galantèrija (-os)

L

lachen über etw. juõktis (-iasi, -ėsi) iš
Laden parduotùvė (-ės), kráutuvė (-ės)
Laib kẽpalas (-o)
Land šalìs (-ies, *w*)
langsam lė̃tas
langweilig nuobodùs

lassen léisti (léidžia, léido);
(hinter-) palìkti (paliẽka, palìko)
Laune núotaika (-os)
leben gyvénti (-a, -o)
Lebensmittel maĩstas (-o)
Leber kẽpenys (-ų)
leer tùščias
Lehrer mókytojas (-o)
leicht leñgvas
lernen mókytis (-osi, -ėsi) (+2)
lesen skaitýti (-o, -ė)
letzter paskutìnis
lieb miẽlas
Liebe méilė (-ės)
lieben myléti (-i, -ėjo)
Lied dainà (-os)
Lift lìftas (-o)
Likör lìkeris (-io)
Limonade limonãdas (-o)
links kairėjè
Litauen Lietuvà (-os)
Litauer lietùvis (-io)
Litauisch (auf) lietùviškai
Liter lìtras (-o)
Löffel šáukštas (-o)
Luft óras (-o)
Lunge plaũčiai (-ių)

M

machen veĩkti (-ia, -ė)
Mädchen mergáitė (-ės)
Magen skrañdis (-džio)
Mai gegužẽ (-ės)
Mal kar̃tas (-o)
malen nutapýti (-o, -ė)
Manager mènedžeris (-io)
manchmal kar̃tais
Mann výras (-o)
Mantel páltas (-o)
Margarine margarìnas (-o)
Markt tur̃gus (-aus)
März kóvas (-o)
Meer jū́ra (-os)
Meinung núomonė (-ės)
Mensch žmogùs (-aus)
Messer peĩlis (-io)
Milch píenas (-o)
Minute minùtė (-ės)
mit sù (+5)
Mitbringsel lauktùvės (-ių)
Mittag piētūs (-ų);
zu M. essen pietáuti (-auja, -avo)
Mittwoch trečiãdienis (-io)
möglich gãlima
Mohrrübe morkà (-os)
Monat mė́nuo (-esio)
Mond mėnùlis (-io)
Montag pirmãdienis (-io)
morgen rytój
Morgen rýtas (-o)
morgens rytaĩs
Motor varìklis (-io)
Motoröl tẽpalas (-o)
Motorrad motocìklas (-o)
Mücke úodas (-o)
Mund burnà (-os)
Museum muziẽjus (-aus)
müssen turė́ti (-i, -ėjo)
Mutter mótina (-os)
Mütze kepùrė (-ės)

N

nach (zeitl.) põ (+2);
(örtl.) į̃ (+4)
Nachbar kaimýnas (-o)
nachher paskuĩ
nachmittags popiẽt
Nachname pavardẽ (-ės)
nächster sẽkantis
Nacht naktìs (-ies, *w*)
nah artì
nahegelegen ar̃timas
Name var̃das (-o)
Namenstag vardãdienis (-io)
nämlich bū́tent
Nase nósis (-ies)
natürlich žìnoma

Wörterliste Deutsch – Litauisch

Nebel rūkas (-o)
neben šalià (+2)
nehmen im̃ti (ìma, ė̃mė)
nein nè
neu naũjas
Neubaugebiet naujãmiestis (-čio)
nicht nè
nichts niẽko
niedrig žẽmas
niemals niẽkada
niemand niẽkas
nirgendwo(hin) niẽkur
noch dár
Norden šiáurė (-ės)
nötig reĩkia (+2)
November lãpkritis (-čio)
nur tìk
Nuss ríešutas (-o)
Nutzen naudà (-os)

O

ob ar̃
oben viršujè
Obst vaĩsiai (-ių)
O-Bus troleibùsas (-o)
oder ar̃, arbà
offen ãtdaras
öffnen atsidarýti (-o, -ė)
oft dažnaĩ
ohne bè (+2)
Ohr ausìs (-ies, *w*)
Oktober spãlis (-io)
Onkel dė̃dė (-ės)
Orange apelsìnas (-o)
orangefarben oránžinis
Ordnung tvarkà (-os)
Organ òrganas (-o)
Ort gyvénvietė (-ės)
Osten rytaĩ (-ų)
Ostern velýkos (-ų)
Österreich Áustrija (-os)

P

Päckchen banderòlė (-ės)
Paket siuntinỹs (-io)
Papier põperius (-iaus)
Park párkas (-o)
Pass pãsas (-o)
Pause pértrauka (-os)
Person asmuõ (-ens)
Pfeffer pipìrai (-ų)
Pferd arklỹs (-io)
Pflaume slyvà (-os)
Pilz grỹbas (-o)
Platz vietà (-os)
Polizei polìcija (-os)
Portemonnaie piniginė (-ės)
Post pãštas (-o)
Postkarte atvirùkas (-o)
Preis káina (-os)
privat privačiaĩ
probieren paragáuti (-auja, -avo)
Pullover megztìnis (-io)
Puppe lė̃lė (-ės)

R

Rad rãtas (-o)
Radio rãdijas (-o)
Rasierapparat barzdãskutė (-ės)
rasieren, sich skùstis (skùtasi, skùtosi)
rauchen rūkýti (-o, -ė)
Rechnung sąskaita (-os)
rechts dešinejè
Regen lietùs (-aus)
Regenschirm skė̃tis (-čio)
regnen lýti (lỹja, lìjo)
Reifen padangà (-os)
Reise kelionė (-ės)
reisen keliáuti (-auja, -avo)
reparieren remontúoti (-uoja, -avo)
reservieren rezervúoti (-uoja, -avo)
Restgeld grąžà (-os)
Restaurant restorãnas (-o)
richtig teisìngas, taisyklìngas
Rindfleisch jáutiena (-os)
Rock sijõnas (-o)
roh žãlias
rot raudónas
rötlich raúsvas
Rücken nùgara (-os)

Ruhe ramýbė (-ės)

S

Sache dáiktas (-o)
Saft sùltys (-čių)
sagen sakýti (-o, -ė)
Salat salõtos (-ų)
Salbe tẽpalas (-o)
Salz druskà (-os)
salzig sūrùs
Samstag šeštãdienis (-io)
Sandwich sumuštìnis (-io)
Sänger daĩnius (-iaus)
satt sótus
sauber švarùs
sauer rūgštùs
Schachtel dežùtė (-ės)
schade gaĩla
scharf aštrùs
Scheck čèkis (-io)
Scherz juõkas (-o)
Schiff laĩvas (-o)
Schinken kum̃pis (-io)
schlafen miegóti (miẽga, miegójo)
schlecht blõgas
Schlüssel rãktas (-o)
schmackhaft skanùs
schmerzen skaudė́ti (-a, -ėjo)
Schmuck pãpuošalas (-o)
schmutzig pur̃vinas
Schnaps degtìnė (-ės)
Schnee sniẽgas (-o)
schneiden pjáuti (pjáuna, pjóvė)
schnell greĩtas
Schnupfen slogà (-os)
Schokolade šokolãdas (-o)
schon jaũ
schön gražùs
schreiben rašýti (-o, -ė); **sich sch.** susirašinė́ti (-ja, -jo)
Schuh bãtas (-o)
Schuhwerk ãvalynė (-ės)
schuldig skoliñgas
Schule mokyklà (-os)
Schüler mokinỹs (-io)
schwach sìlpnas
schwarz júodas
Schwein kiaũlė (-ės)
Schweinefleisch kiaulíena (-os)
Schweiz Šveicãrija (-os)
schwer sunkùs
Schwester sesuõ (-ers)
See ẽžeras (-o)
sehen žiūrė́ti (-i, -ėjo); **sich s.** pasimatýti (-o, -ė)
sehr labaĩ
Seife muĩlas (-o)
sein bū́ti (yrà, bùvo)
Sekt šampãnas (-o)
selbst pàts
Selbstbedienung savìtarna (-os)
selten retaĩ
Senf garstýčios (-ių)
September rugsė́jis (-io)
Serviette servetė̃lė (-ės)
setzen, sich sė́stis (sė́dasi, sė́dosi)
silbern sidabrìnis
so taĩp
Sohn sūnùs (-aus)
solange kõl
Sommer vãsara (-os)
Sonne sáulė (-ės)
Sonntag sekmãdienis (-io)
Soße pãdažas (-o)
sozusagen tãriant
spät vėlaĩ
spazieren gehen pasiváikščioti (-ja, -jo)
Speck taukaĩ (-ų)
Speise pãtiekalas (-o)
Speisekarte meniù, valgiãraštis (-čio)
Spiegel véidrodis (-džio)
Spielzeug žaislaĩ (-ų)
Sprache kalbà (-os)
sprechen kalbė́ti (-a, -ėjo)
Stadt miẽstas (-o)
stark stiprùs
stehlen pavõgti (pàvogia, pàvogė)

Stein akmuõ (-ens)
Stern žvaigždẽ (-ės)
Stoff audinỹs (-io)
Störung trùkdymas (-o)
Strand pliãžas (-o)
Straße gãtvė (-ės)
Stück gãbalas (-o)
Student studeñtas (-o)
Stuhl kėdẽ (-ės)
Stunde valandà (-os)
Sturm audrà (-os)
suchen ieškóti (íeško, -jo) (+2)
Süden piẽtūs (-ų)
Suppe sriubà (-os)
süß saldùs

T

Tablette tablètė (-ės)
Tafel plytẽlė (-ės)
Tag dienà (-os)
täglich kasdiẽn
Tank bãkas (-o)
Tankstelle degalìnė (-ės)
Tante tetà (-os)
tanzen šókti (-a, -o)
Tasse puodùkas (-o)
Tausch keitìmas (-o)
Taxi taksì
Tee arbatà (-os)
Teil dalìs (-ies, *w*)
Telefon telefònas (-o)
Teller lėkštẽ (-ės)
Temperatur temperatūra (-os)
teuer brangùs
Tisch stãlas (-o)
Theater teãtras (-o)
Tochter duktẽ (-ers)
Toilette ìšvietė (-ės), tualètas (-o)
Tomate pomidòras (-o)
Topf púodas (-o)
Torte tòrtas (-o)
tragen nèšti (nẽša, nẽšė)
Traum sãpnas (-o)
trinken gérti (gẽria, gérė)
Trinkgeld arbãtpinigai (-ų)
Tropfen lašaĩ (-ų)
Turm bókštas (-o)

U

über apiẽ (+4)
übermorgen porýt
übersetzen išver̃sti (-čia, ìšvertė)
Übersetzer vertė́jas (-o)
Überweisung pèrlaida (-os)
übrig atliẽkamas
Uhr laĩkrodis (-džio)
Umgebung apýlinkės (-ių)
Umleitung apvažiãvimas (-o)
umsonst véltui
umsteigen pérsėsti (-da, -do)
unbedingt būtinaĩ
und ir̃
Unfall avãrija (-os)
unten apačiojè
unter põ (+5)
Urlaub atóstogos (-ų)

V

Vater tė́vas (-o)
verabschieden, sich atsisvéikinti (-a, -o)
Verband tvárstis (-čio)
verboten draũdžiamas
verirren, sich pasiklýsti (-sta, -do)
verkaufen pardúoti (-duoda, par̃davė)
Verkäufer pardavė́jas (-o)
verletzt sùžeistas
verlieren pamèsti (pàmeta, pàmetė)
vermieten išnúomoti (-ja, -jo)
verspäten, sich vėlúoti (-uoja, -avo)
Verspätung pavėlãvimas (-o)
verstehen supràsti (suprañta, suprãto)
Verwandter gimináitis (-čio)

viel daũg (+2)
vielleicht gál
Vogel paũkštis (-čio)
Volk liáudis (-ies, *w*)
voll pìlnas
von nuõ (+2), ìš (+2)
vor priẽš (+4)
vorbereiten, sich ruõštis (-iasi, -ėsi) (+3)
vorgestern ùžvakar
vormittags priešpiẽt
Vorname var̃das (-o)
vorsichtig atsargùs
vorstellen pristatýti (-o, -ė);
sich v. prisistatýti (-o, -ė)
Vorwahl kòdas (-o)

W

Wagen vagònas (-o)
während per̃ (+4)
Wald mìškas (-o)
wann kadà
Ware prẽkė (-ės)
warm šil̃tas
warten láukti (-ia, -ė) (+2)
warum kodė̃l
was kàs
Wäsche baltiniaĩ (-ių)
Wasser vanduõ (-ens)
Watte vatà (-os)
wechseln keĩsti (keĩčia, keĩtė)
weg šaliñ
Weg kẽlias (-io)
wegen dė̃l (+2)
Weihnachten kalė̃dos (-ų)
weil nès
Wein vỹnas (-o)
Weinstube vỹninė (-ės)
weiß báltas
weit tolì
welcher kurìs
Welle bangà (-os)
wenig mažaĩ (+2)
wenn (als) kaĩ;
(falls) jeĩ
wer kàs
Wespe vapsvà (-os)
wessen kienõ
Westen vakaraĩ (-ų)
Wetter óras (-o)
wie kaĩp;
w. viel kíek
wiederholen pakartóti (-ja, -jo)
Wind vė́jas (-o)
Winter žiemà (-os)
wissen žinóti (žìno, -ojo)
Wissenschaftler mókslininkas (-o)
wo kur̃
Woche savái̇tė (-ės)
Wochenende saváitgalis (-io)
wohin kur̃
wohnen gyvénti (-a, -o)
Wohnung bùtas (-o)
Wolke debesìs (-ies)
wollen noréti (-i, -ėjo) (+2)
Wort žõdis (-džio)
Wörterbuch žodýnas (-o)
wunderbar puikùs
Wunsch linkė́jimas (-o)
wünschen linkė́ti (-i, -ėjo) (+2)
Wurst dešrà (-os)

Z

Zahn dantìs (-ies, *m*)
Zeichen žénklas (-o)
zeigen paródyti (-o, -ė)
Zeit laĩkas (-o)
Zeitschrift žurnãlas (-o)
Zeitung laĩkraštis (-čio)
Zentrum ceñtras (-o)
Zimmer kambarỹs (-io)
Zitrone citrinà (-os)
zu į̃ (+4), pàs (+4), priẽ (+2)
Zucker cùkrus (-aus)
zuerst pirmà
Zug traukinỹs (-io)
Zündkerze žvãkė (-ės)
Zunge liežùvis (-io)
zusammen kartù
Zwiebel svogū̃nas (-o)
zwischen tar̃p (+2)

Wörterliste Litauisch – Deutsch

A

ãctas (-o) Essig
ãdresas (-o) Adresse
aeroúostas (-o) Flughafen
agur̃kas (-o) Gurke
áiškus klar
akiniaĩ (-ių) Brille
akìs (-ies, *w*) Auge
akmuõ (-ens) Stein
al̃kis (-io) Hunger
alkohòlis (-io) Alkohol
alùdė (-ės) Bierstube
alùs (-aus) Bier
ambasadà (-os) Botschaft
anàs jener
ankstì früh
añt (+2) auf
añtklodė (-ės) Bettdecke
antrãdienis (-io) Dienstag
anũkas (-o) Enkelsohn
anũkė Enkeltochter
apačiojè unten
apelsìnas (-o) Orange
apetìtas (-o) Appetit
apiẽ (+4) über; etwa
apýlinkės (-ių) Umgebung
aplankýti (-o, -ė) besuchen
apvažiãvimas (-o) Umleitung
apžiūrė́ti (-i, -ėjo) besichtigen
ar̃ ob, oder
arbà oder
arbatà (-os) Tee
arbãtpinigai (-ų) Trinkgeld
arklỹs (-io) Pferd
artì nah
ar̃timas nahegelegen
asmuõ (-ens) Person
aštrùs scharf
ãtdaras offen
ateĩti (ateĩna, atė̃jo) ankommen
atliẽkamas übrig
atlìktas fertig
atostogáuti (-auja, -avo) sich erholen
atóstogos (-ų) Urlaub
atródyti (-o, -ė) aussehen
atsãkymas (-o) Antwort
atsargùs vorsichtig
atsidarýti (-o, -ė) öffnen
atsiprašýti (-o, -ė) sich entschuldigen
atsisvéikinti (-a, -o) sich verabschieden
atvažiúoti (-uoja, -avo) ankommen
atvirùkas (-o) Postkarte
audinỹs (-io) Stoff
audrà (-os) Sturm
auksìnis golden
áukštas hoch
aũkštas Etage
ausìs (-ies, *w*) Ohr
Áustrija (-os) Österreich
autobùsas (-o) Bus
automobìlis (-io) Auto
autostradà (-os) Autobahn
ãvalynė (-ės) Schuhe
avãrija (-os) Unfall
aviẽtė (-ės) Himbeere

B

bãkas (-o) Tank
bãras (-o) Bar
baĩgtis (-iasi, -ėsi) beenden
balañdis (-džio) April
báltas weiß
baltiniaĩ (-ių) Wäsche
bandẽlė (-ės) Brötchen
banderòlė (-ės) Päckchen
bangà (-os) Welle
bánkas (-o) Bank
barzdà (-os) Bart
barzdãskutė (-ės) Rasierapparat

bãtas (-o) Schuh
bažnýčia (-ios) Kirche
bè (+2) ohne
benzìnas (-o) Benzin
berniùkas (-o) Junge
beskõnis fade
bèt aber
betõ außerdem
bevéik fast
bijóti (-o, -ojo) (+2) sich fürchten
bìlietas (-o) Karte
biržẽlis (-io) Juni
bìtė (-ės) Biene
blõgas schlecht
bókštas (-o) Turm
brangùs teuer
brãškė (-ės) Erdbeere
brólis (-io) Bruder
bufètas (-o) Imbissstube
bùlvė (-ės) Kartoffel
burnà (-os) Mund
bùtas (-o) Wohnung
bùtelis (-io) Flasche
bū̃tent nämlich
bū̃ti (yrà, bùvo) sein
būtinaĩ unbedingt

C

ceñtras (-o) Zentrum
citrinà (-os) Zitrone
cukraĩnė (-ės) Konditorei
cùkrus (-aus) Zucker

Č

čèkis (-io) Kassenbon
česnãkas (-o) Knoblauch
čià hier

D

dabar̃ jetzt
dáiktas (-o) Sache
dailė̃ (-ės) Kunst
dainà (-os) Lied
daĩnius (-iaus) Sänger
dalìs (-ies, *w*) Teil
dangùs (-aus) Himmel
dantìs (-ies, *m*) Zahn
dár noch
dárbas (-o) Arbeit
darbiniñkas (-o) Arbeiter
daržóvės (-ių) Gemüse
daũg (+2) viel
dažnaĩ oft
debesìs (-ies) Wolke
dė̃dė (-ės) Onkel
degalaĩ (-ų) Benzin
degalìnė (-ės) Tankstelle
degtìnė (-ės) Schnaps
dėkóti (-ja, -jo) danken
dė̃l (+2) wegen
dėltõ deshalb
dešinėjè rechts
dešrà (-os) Wurst
dėžùtė (-ės) Schachtel
dìdelis groß
dienà (-os) Tag
diẽvas (-o) Gott
dìrbti (-a, -o) arbeiten
dir̃žas (-o) Gürtel
domė́tis (-isi, -ėjosi) (+5) sich interessieren für
dõminti (-a, -o) interessieren
dovanà (-os) Geschenk
drabùžiai (-ių) Kleidung
draũdžiamas verboten
draũgas (-o) Freund
draũgė (-ės) Freundin
druskà (-os) Salz
duktė̃ (-ers) Tochter
dúona (-os) Brot
dúoti (dúoda, dãvė) geben
dùšas (-o) Dusche
dvìratis (-čio) Fahrrad
džiaũgsmas (-o) Freude
džiaũgtis (-iasi, -ėsi) (+5) sich freuen

E

eĩti (eĩna, ė̃jo) gehen
elektrìnis elektrisch
èuras (-o) Euro
ẽžeras (-o) See

F

fìlmas (-o) Film

fotoaparãtas (-o) Fotoapparat
fotografúoti (-úoja, -ãvo) fotografieren
fránkas (-o) Franken
fùtbolas (-o) Fußball

G

gãbalas (-o) Stück
gaĩla schade
gál vielleicht
galantèrija (-os) Kurzwaren
gãlas (-o) Ende
galéti (-i, -ėjo) können, dürfen
gãlima möglich
galutinaĩ endgültig
galvà (-os) Kopf
galvóti (-ja, -jo) denken
ganà genug
garstýčios (-ių) Senf
gãtvė (-ės) Straße
gáuti (gáuna, gãvo) bekommen
gegužė̃ (-ės) Mai
gėlė̃ (-ės) Blume
geležìnkelis (-io) Eisenbahn
geležìs (-ies) Eisen
geltónas gelb
gẽras gut
gérimas (-o) Getränk
gerklė̃ (-ės) Hals
gérti (gẽria, gérė) trinken
gýdytojas (-jo) Arzt
gimináitis (-čio) Verwandter
gimtãdienis (-io) Geburtstag
giñtaras (-o) Bernstein
gyvénti (-a, -o) leben, wohnen
gyvénvietė (-ės) Ort
glaũdės (-džių) Badehose
grãmas (-o) Gramm
grąžà (-os) Restgeld
gražùs schön
greĩtas schnell
grỹbas (-o) Pilz
grúodis (-džio) Dezember

I / Į / Y

į (+4) nach, zu, in
įdomùs interessant
įeĩti (įeĩna, įė̃jo) eintreten
įėjìmas (-o) Eingang
ieškóti (íeško, -jo) (+2) suchen
ikì (+2) bis
įlìpti (-a, -o) einsteigen
im̃ti (ìma, ė̃mė) nehmen
ýpač besonders
ir̃ und
įranga (-os) Anlage
ir̃gi auch
ìš (+2) von, aus
išėjìmas (-o) Ausgang
išlìpti (-a, -o) aussteigen
išnúomoti (-ja, -jo) vermieten
išsių̃sti (išsiuñčia, ìšsiuntė) abschicken
išver̃sti (-čia, ìšvertė) übersetzen
ìšvietė (-ės) Toilette

J

jaũ schon
jáunas jung
jáutiena (-os) Rindfleisch
jeĩ wenn, falls
júodas schwarz
juõkas (-o) Scherz
juõktis (-iasi, -ėsi) lachen
jū́ra (-os) Meer

K

kàd dass
kadà wann
kaĩ wenn, als
kaĩp wie
káimas (-o) Dorf
kaimýnas (-o) Nachbar
káina (-os) Preis

kainúoti (-uoja, -avo) kosten
kairejè links
kakavà (-os) Kakao
kalbà (-os) Sprache
kalbė́ti (-a, -ėjo) sprechen
kalė̃dos (-ų) Weihnachten
kálnas (-o) Berg
kambarỹs (-io) Zimmer
kam̃pas (-o) Ecke
kãpinės (-ių) Friedhof
karõliai (-ių) Halskette
kárštas heiß
kar̃tais manchmal
kar̃tas (-o) Mal
kartù zusammen
kárvė (-ės) Kuh
kàs wer, was
kasà (-os) Kasse
kasdiẽn täglich
kasmẽt jährlich
katė̃ (-ės) Katze
kãtedra (-os) Kathedrale
káulas (-o) Knochen
kavà (-os) Kaffee
kavìnė (-ės) Café
kėdė̃ (-ės) Stuhl
keĩsti (keĩčia, keĩtė) wechseln
keitìmas (-o) Tausch
kẽlias (-io) Weg
keliáuti (-auja, -avo) reisen
keliõnė (-ės) Reise
kélnės (-ių) Hose
keltùvas (-o) Fähre
kẽpalas (-o) Laib
kẽpenys (-ų) Leber
kepùrė (-ės) Mütze
ketvirtãdienis (-io) Donnerstag
kiaũlė (-ės) Schwein
kiaulíena (-os) Schweinefleisch
kiaušìnis (-io) Ei
kíek wie viel
kienõ wessen
kìnas (-o) Kino
kirpė́jas (-o) Friseur
klãsė (-ės) Klasse
kláusimas (-o) Frage
klausýtis (-osi, -ėsi) (+2) hören
kláusti (-ia, -ė) (+2) fragen
knygà (-os) Buch
knygýnas (-o) Buchhandlung
kòdas (-o) Vorwahl
kodė̃l warum
kója (-os) Bein, Fuß
kójinė (-ės) Strumpf
kõl solange
kolegà (-os) Kollege
kolègė (-ės) Kollegin
kontroliúoti (-iuoja, -iavo) kontrollieren
kopū̃stas (-o) Kohl
kostiùmas (-o) Anzug
kosulỹs (-io) Husten
kóvas (-o) März
kraũjas (-o) Blut
kráutuvė (-ės) Laden
krepšỹs (-io) Korb, Beutel
kriáušė (-ės) Birne
krìsti (kriñta, krìto) fallen
krušà (-os) Hagel
krūtìnė (-ės) Brust
kum̃pis (-io) Schinken
kur̃ wo, wohin
kurìs welcher
kviẽsti (kviẽčia, kviẽtė) einladen
kvietìmas (-o) Einladung

L

labaĩ sehr
lãbas gut
lagamìnas (-o) Koffer
laĩkas (-o) Zeit
laĩkraštis (-čio) Zeitung
laĩkrodis (-džio) Uhr
láimė (-ės) Glück
láipsnis (-io) Grad, Stufe
laĩsvas frei
láiškas (-o) Brief
laĩvas (-o) Schiff
lángas (-o) Fenster
lãpai (-ų) Laub

lãpkritis (-čio) November
lašaĩ (-ų) Tropfen
láukti (-ia, -ė) (+2) warten
lauktùvės (-ių) Mitbringsel
ledaĩ (-ų) Speiseeis
lẽdas (-o) Eis (Wasser)
léisti (léidžia, léido) lassen
lėkštė̃ (-ės) Teller
lėktùvas (-o) Flugzeug
lėlė̃ (-ės) Puppe
leñgvas leicht
lė̃tas langsam
liáudis (-ies, *w*) Volk
líepa (-os) Juli
lietùs (-aus) Regen
Lietuvà (-os) Litauen
lietùvis (-io) Litauer
lietùviškai auf Litauisch
liežùvis (-io) Zunge
ligà (-os) Krankheit
ligóninė (-ės) Krankenhaus
lìkeris (-io) Likör
limonãdas (-o) Limonade
linkė́jimas (-o) Wunsch
linkė́ti (-i, -ėjo) (+2) wünschen
lýti (lỹja, lìjo) regnen
lytìs (-ies, *w*) Geschlecht
lìtras (-o) Liter
lóva (-os) Bett

M

maĩstas (-o) Lebensmittel
malonùs angenehm
márgas bunt
marškiniaĩ (-ių) Hemd
máudytis (-osi, -ėsi) baden
mažaĩ (+2) wenig
mãžas klein
mẽdis (-džio) Baum, Holz
medùs (-aus) Honig
megztìnis (-io) Pullover
méilė (-ės) Liebe
mė́lynas blau
mėnùlis (-io) Mond
mė́nuo (-esio) Monat
mergáitė (-ės) Mädchen
mėsà (-os) Fleisch
meškerióti (-ja, -jo) angeln
mẽtai (-ų) Jahr
miegóti (miẽga, miegójo) schlafen
mielaĩ gern
miẽlas lieb
miẽstas (-o) Stadt
mylė́ti (-i, -ėjo) lieben
minùtė (-ės) Minute
mìškas (-o) Wald
mokė́ti (-a, -ėjo) können; bezahlen
mokyklà (-os) Schule
mokinỹs (-io) Schüler
mókytis (-osi, -ėsi) (+2) lernen
mókytojas (-o) Lehrer
mókslininkas (-o) Wissenschaftler
morkà (-os) Mohrrübe
móteris (móters) Frau
mótina (-os) Mutter
motocìklas (-o) Motorrad
muĩlas (-o) Seife
muziẽjus (-aus) Museum

N

naktìs (-ies, *w*) Nacht
nãmas (-o) Haus
naudà (-os) Nutzen
naujãmiestis (-čio) Neubaugebiet
naũjas neu
nè nein, nicht
negù als (Vgl.)
nelegalùs illegal
nès weil
neseniaĩ kürzlich
nèšti (nẽša, nẽšė) tragen
netrùkus bald
niẽkada niemals
niẽkas niemand

niẽko nichts
niẽkur nirgendwo(hin)
norė́ti (-i, -ėjo) (+2) wollen
nósis (-ies) Nase
nùgara (-os) Rücken
nuõ (+2) von, aus
nuobodùs langweilig
núomonė (-ės) Meinung
núotaika (-os) Laune
núotrauka (-os) Fotografie
nutapýti (-o, -ė) malen

O

õ aber
obuolỹs (-io) Apfel
óda (-os) Haut
oránžinis orangefarben
óras (-o) Wetter, Luft

P

padangà (-os) Reifen
padavė́jas (-o) Kellner
pãdažas (-o) Soße
padė́ti (pàdeda, -jo) helfen
padúoti (-da, pàdavė) aufgeben
pagálba (-os) Hilfe
pakartóti (-ja, -jo) wiederholen
pakliū́ti (-iūva, -iūvo) geraten
paklõdė (-ės) Bettlaken
palaidinùkė (-ės) Bluse
palydė́ti (-i, -ėjo) begleiten
palìkti (paliẽka, palìko) lassen, hinterlassen
páltas (-o) Mantel
pamèsti (pàmeta, pàmetė) verlieren
pamiñklas (-o) Denkmal
panẽlė (-ės) Fräulein
pãpuošalas (-o) Schmuck
paragáuti (-auja, -avo) probieren, kosten
pardavė́jas (-o) Verkäufer
parduotùvė (-ės) Geschäft
párkas (-o) Park
parodà (-os) Ausstellung
paródyti (-o, -ė) zeigen
pàs (+4) zu
pãsas (-o) Pass
pasikalbė́jimas (-o) Gespräch
pasiklýsti (-sta, -do) sich verirren
pasimatýti (-o, -ė) sich sehen
pasiváikščioti (-ja, -jo) spazierengehen
paskuĩ nachher
paskutìnis letzter
pãstatas (-o) Gebäude
pãštas (-o) Post
pãtalynė (-ės) Bettwäsche
patem̃pti (-ia, -ė) abschleppen
pãtiekalas (-o) Speise
patìkti (patiñka, patìko) gefallen
pàts selbst
paũkštis (-čio) Vogel
pavardẽ (-ės) Nachname
pavar̃gti (-sta, -o) ermüden
pavãsaris (-io) Frühling
pavéikslas (-o) Gemälde
pavėlãvimas (-o) Verspätung
pãvyzdžiui zum Beispiel
pavõgti (pàvogia, pàvogė) stehlen
pažìnti (pažį́sta, pažìno) kennen
peĩlis (-io) Messer
pelenìnė (-ės) Aschenbecher
penktãdienis (-io) Freitag
per̃ (+4) durch, während
perkū́nija (-os) Gewitter

pèrlaida (-os) Überweisung
perònas (-o) Bahnsteig
pérsėsti (-da, -do) umsteigen
pértrauka (-os) Pause
píenas (-o) Milch
pieštùkas (-o) Bleistift
pietáuti (-auja, -avo) zu Mittag essen
piẽtūs (-ų) Mittag; Süden
pigùs billig
pìktas böse
pilìs (-ies, *w*) Burg
pìlkas grau
pìlnas voll
pil̃vas (-o) Bauch
pinigaĩ (-ų) Geld
piniginė (-ės) Brieftasche
pipìrai (-ų) Pfeffer
pyragáitis (-čio) Kuchen
pir̃kti (per̃ka, pir̃ko) kaufen
pirmà zuerst
pirmãdienis (-io) Montag
pjáuti (pjáuna, pjóvė) schneiden
platfòrma (-os) Gleis
plaũčiai (-ių) Lunge
plaukaĩ (-ų) Haar
pléistras (-o) Pflaster
pliãžas (-o) Strand
plytẽlė (-ės) Tafel
põ (+2) nach, durch; **(+5)** unter
polìcija (-os) Polizei
pomidòras (-o) Tomate
põnas (-o) Herr
ponià (-ios) Frau
põperius (-iaus) Papier
popiẽt nachmittags
porýt übermorgen
prancū̃ziškai auf Französisch
prasidėti (-deda, -jo) beginnen
prašýti (-o, -ė) (+2) bitten
prẽkė (-ės) Ware
priẽ (+2) an, zu
príegalvis (-io) Kissen
príeskoniai (-ių) Gewürz
priẽš (+4) gegen(über), vor
priešpiẽt vormittags
priim̃ti (prìima, prìėmė) annehmen
pripìlti (-a, -ylė) auffüllen
pristatýti (-o, -ė) vorstellen
privačiaĩ privat
profèsija (-os) Beruf
puikùs wunderbar
púodas (-o) Topf
puodùkas (-o) Tasse
pur̃vinas schmutzig
pùsbrolis (-io) Cousin
pùsė (-ės) Hälfte
pùsryčiai (-ių) Frühstück
pusryčiáuti (-auja, -avo) frühstücken
pùsseserė (-ės) Cousine

R

rãdijas (-o) Radio
rãktas (-o) Schlüssel
ramýbė (-ės) Ruhe
rankà (-os) Arm, Hand
rankinùkas (-o) Handtasche
rañkšluostis (-čio) Handtuch
ràsti (rañda, rãdo) finden
rašýti (-o, -ė) schreiben
rãtas (-o) Rad
raudónas rot
reĩkia (+2) nötig
rekomendúoti (-uoja, -avo) empfehlen
remontúoti (-uoja, -avo) reparieren
restorãnas (-o) Restaurant
retaĩ selten
rezervúoti (-uoja, -avo) reservieren
ríešutas (-o) Nuss
rytaĩ (-ų) Osten
rytaĩs morgens

rýtas (-o) Morgen
rytój morgen
rùdas braun
ruduõ (-ens) Herbst
rugpjū́tis (-čio) August
rugsė́jis (-io) September
rūgštùs sauer
rū̃kas (-o) Nebel
rūkýti (-o, -ė) rauchen
ruõštis (-iasi, -ėsi) (+3) sich vorbereiten auf

S

sagà (-os) Knopf
sakýti (-o, -ė) sagen
saldaĩniai (-ių) Bonbons
saldùs süß
salà (-os) Insel
salõtos (-ų) Salat
sãpnas (-o) Traum
sáskaita (-os) Rechnung
sáulė (-ės) Sonne
sausaĩniai (-ių) Gebäck
saũsis (-io) Januar
saváitė (-ės) Woche
saváitgalis (-io) Wochenende
savìtarna (-os) Selbstbedienung
sẽkantis nächster
sekmãdienis (-io) Sonntag
sekmẽ (-ės) Erfolg
sèktis (-asi, -ėsi) gelingen
senãmiestis (-čio) Altstadt
sẽnas alt
senẽlė (-ės) Großmutter
senẽlis (-io) Großvater
servetẽlė (-ės) Serviette
sė́stis (sė́dasi, sė́dosi) sich setzen
sesuõ (-ers) Schwester
sidabrìnis silbern
sijõnas (-o) Rock
sìlpnas schwach
siuntinỹs (-io) Paket
skaitýti (-o, -ė) lesen
skam̃binti (-a, -o) (+3) anrufen
skanùs schmackhaft
skaudė́ti (-a, -ėjo) schmerzen
skė̃tis (-čio) Schirm
skỹrius (-iaus) Abteilung
skỹstis (-čio) Flüssigkeit
skoliñgas schuldig
skrañdis (-džio) Magen
skrìsti (skreñda, skrìdo) fliegen
skùstis (skùtasi, skùtosi) sich rasieren
slyvà (-os) Pflaume
slogà (-os) Schnupfen
sniẽgas (-o) Schnee
sõdas (-o) Garten
sóstinė (-ės) Hauptstadt
sótus satt
spãlis (-io) Oktober
spalvà (-os) Farbe
sriubà (-os) Suppe
stabdỹs (-džio) Bremse
stãlas (-o) Tisch
statýti (-o, -ė) bauen
stìklas (-o) Glas
stiklìnė (-ės) Trinkglas
stiprùs stark
stotẽlė (-ės) Haltestelle
stotìs (-ies, *w*) Bahnhof
striùkė (-ės) Jacke
studeñtas (-o) Student
sù (+5) mit
sugèsti (-enda, -edo) kaputtgehen
suknẽlė (-ės) Kleid
sùltys (-čių) Saft
sumuštìnis (-io) Sandwich
sunkùs schwer
sūnùs (-aus) Sohn
supràsti (supreñta, suprãto) verstehen
sū̃ris (-io) Käse
sūrùs salzig
susipažìnti (-žį́sta, -žìno) sich bekannt machen
susirašinė́ti (-ja, -jo) sich schreiben
sustóti (-ja, -jo) anhalten

sùžeistas verletzt
svẽčias (-io) Gast
sveĩkas gesund
sveikatà (-os) Gesundheit
svéikintis (-asi, -osi) sich grüßen
svetingùmas (-o) Gastfreundschaft
svíestas (-o) Butter
svogū̃nas (-o) Zwiebel

Š

šakùtė (-ės) Gabel
šaldytùvas (-o) Kühlschrank
šalià (+2) neben
šaliñ weg
šalìs (-ies, *w*) Land
šáltas kalt
šáukštas (-o) Löffel
šeimà (-os) Familie
šeiminiñkas (-o) Gastgeber
šeiminiñkė (-ės) Hausfrau
šeštãdienis (-io) Samstag
šiañdien heute
šiáurė (-ės) Norden
šil̃tas warm
širdìs (-ies, *w*) Herz
šìtas dieser
šókti (-a -o) tanzen
šùkos (-ų) Kamm
šuõ (šuñs) Hund
švarùs sauber
Šveicãrija (-os) Schweiz
šveñtė (-ės) Feiertag
šviesùs hell
švìnas (-o) Blei

T

tablètė (-ės) Tablette
tačiaũ dennoch
taĩp ja, so
taisyklìngas richtig
tamsùs dunkel
tãriant sozusagen
tarìmas (-o) Aussprache
tarnáutojas (-o) Angestellter, Beamter
tar̃p (+2) zwischen
tàs dieser
taukaĩ (-ų) Speck
teãtras (-o) Theater
teisìngas richtig
telefònas (-o) Telefon
televìzorius (-iaus) Fernsehapparat
teñ dort, dorthin
tẽpalas (-o) Salbe, Motoröl
tetà (-os) Tante
tėvaĩ (-ų) Eltern
tė́vas (-o) Vater
tiẽsiai geradeaus
tìk nur
tikė́tis (-isi, -ėjosi) hoffen
tìltas (-o) Brücke
tolì weit
tólimas fern
tòrtas (-o) Torte
traukinỹs (-io) Zug
trečiãdienis (-io) Mittwoch
troškulỹs (-io) Durst
trùkdymas (-o) Störung
trùkti (truñka, trùko) dauern
trū́kti (-sta, -o) (+2) fehlen
trum̃pas kurz
trùputį ein bisschen
tualètas (-o) Toilette
tuojaũ sofort, gleich
turė́ti (-i, -ėjo) haben, müssen
tur̃gus (-aus) Markt
tùščias leer
tvarkà (-os) Ordnung
tvarkãraštis (-čio) Fahrplan
tvárstis (-čio) Verband

U

ugnìs (-ies, *w*) Feuer
úodas (-o) Mücke
uogiẽnė (-ės) Konfitüre
úostas (-o) Hafen
ùpė (-ės) Fluss
ùž (+2) hinter; **(+4)** für
ùždaras geschlossen

ùžeiga (-os) Gasthof
užkandìnė (-ės) Imbissstube
ùžrašas (-o) Aufschrift
užrašýti (-o, -ė) aufschreiben
užsakýti (-o, -ė) bestellen
užsieniẽtiškas ausländisch
ùžsienis (-io) Ausland
užtàt anstatt
ùžvakar vorgestern

V

vagònas (-o) Wagen (Zug)
vaĩkas (-o) Kind
vaĩras (-o) Lenkrad
vaĩsiai (-ių) Obst
váistai (-ų) Arznei
váistinė (-ės) Apotheke
vaišìntis (-asi, -osi) sich bedienen
vaĩzdas (-o) Aussicht
vãkar gestern
vakaraĩ (-ų) Westen
vakaraĩs abends
vãkaras (-o) Abend
vakarieniáuti (-auja, -avo) zu Abend essen
valandà (-os) Stunde
valgiãraštis (-čio) Speisekarte
valgyklà (-os) Gaststätte
válgyti (-o, -ė) essen
valstiẽtis (-čio) Bauer
vanduõ (-ens) Wasser
vapsvà (-os) Wespe
vardãdienis (-io) Namenstag
var̃das (-o) (Vor-)Name
varìklis (-io) Motor
varškẽ (-ės) Quark
vãsara (-os) Sommer
vasãris (-io) Februar
vatà (-os) Watte
važiúoti (-uoja, -avo) fahren
véidas (-o) Gesicht
véidrodis (-džio) Spiegel
veĩkti (-ia, -ė) machen
vė́jas (-o) Wind
vėlaĩ spät
velýkos (-ų) Ostern
véltui umsonst
vėlúoti (-uoja, -avo) sich verspäten
vertė́jas (-o) Übersetzer
vestùvės (-ių) Hochzeit
víenas eins (einer)
viẽšbutis (-čio) Hotel
vietà (-os) Platz
vỹnas (-o) Wein
vỹninė (-ės) Weinstube
výras (-o) Mann
viršujè oben
vìrtas gekocht
virtùvė (-ės) Küche
visadà immer
visái ganz
vyšnià (-ios) Kirsche
vištà (-os) Huhn
vištíena (-os) Hühnerfleisch
vókas (-o) Briefumschlag
Vokietìja (-os) Deutschland
vókietis (-čio) Deutscher
vókiškai auf Deutsch
vonià (-ios) Bad

Ž

žaĩbas (-o) Blitz
žaislaĩ (-ų) Spielzeug
žãlias grün, roh
žẽmas niedrig
žẽmė (-ės) Erde
žénklas (-o) Zeichen
žýdras hellblau
žiemà (-os) Winter
žìnoma natürlich
žinóti (žìno, -ojo) wissen
žiūrė́ti (-i, -ėjo) sehen
žmogùs (-aus) Mensch
žmonà (-os) Ehefrau
žodýnas (-o) Wörterbuch
žõdis (-džio) Wort
žuvìs (-ies, *w*) Fisch
žvaigždẽ (-ės) Stern
žvãkė (-ės) Kerze, Zündkerze

Die Autorin

Katrin Jähnert, Jahrgang 1957. Von 1976 bis 1981 Studium der Russistik und Baltistik in Leipzig mit einjährigem Studienaufenthalt in Russland, 1981 bis 1984 Forschungsstudium zur Russistik (1984 Promotion) – während des Studiums und danach mehrere Reisen zu Studienzwecken und privat nach Litauen. Nach der Promotion Lehrerin für Russisch (vorwiegend Wirtschaftsrussisch) und Litauisch an der Universität Leipzig. Später dann Fortbildung zum Referenten für das Kreditgeschäft, um im Osteuropageschäft Sprach- und Wirtschaftskenntnisse nutzbringend verknüpfen zu können.

„Ich hoffe, dass sich noch viele Besucher Litauens den Reiz dieses Landes erschließen und dabei genauso fasziniert sein werden von seinen Bewohnern und ihrer einzigartigen Sprache, wie ich es selbst seit meinem ersten Litauenbesuch bin. An dieser Stelle möchte ich meiner Freundin Irena Petrauskienė und ihrer Familie für die wertvollen Hinweise in Vorbereitung auf das Büchlein danken. Ačiū!"